Heidrun Frone

Party mit ALDI

Viva Italia – Kinderparty – vegetarisch schlemmen
Nudelabenteuer – süße Sünden und peppige Drinks

Südwest

Ein kaltes Büffet sollte nicht nur den Gaumen, sondern auch das Auge der Gäste ansprechen.

Inhalt

Luxus muss nicht immer teuer sein: Auch für verwöhnte Gaumen bietet das ALDI-Sortiment so manches Schnäppchen.

ALDI
MARKT

ALDI lädt ein

Dass man bei ALDI preiswert einkaufen kann, hat sich herumgesprochen: Die wöchentlichen Schnäppchen locken nicht nur ALDI-Stammkunden in die Vorstadtfilialen – auch Herren in Anzug und Krawatte kann man dort Mittwoch morgens treffen. Attraktiv ist aber nicht nur das ständig wechselnde Angebot von Aktionsartikeln aus dem Nonfoodbereich. Bei ALDI gibt es alle Grundnahrungsmittel, die zur Zubereitung von einfachen Gerichten benötigt werden.

Laut einer Meinungsumfrage kaufen fast 50 Prozent der Deutschen am liebsten in ALDI-Supermärkten ein.

Wo der Kunde noch König ist

- ALDI ist nicht billig, sondern preiswert! ALDI bietet viele Markenprodukte von bekannten Herstellern an. Doch der Name eines Produkts sagt noch lange nichts über seine Qualität aus: Zahlreiche weniger bekannte Food- und Nonfoodartikel sind von der Stiftung Warentest für »gut« bis »sehr gut« befunden worden.
- Aus Gründen der Unabhängigkeit setzt ALDI in gewissen Sortimentsbereichen konsequent auf die Entwicklung von Eigenmarken, deren Qualität regelmäßig strengen Kontrollen unterworfen wird. Dazu gehören die Waschmittel »Tandil« und »Almat«, die Körperpflegemittel »Caribic« und »Kür«, die Sekte »Erlenbrunn« und »Auerbach«, die Konfitüren »Grandessa« und die Konserven »Gartenkrone«.
- Nicht nur Obst und Gemüse, auch die Produkte aus der Kühltheke sind bei ALDI immer frisch. Durch den hohen Warenumsatz werden die Regale fast täglich mit frischem Brot, Milch und Milchprodukten, Käse und Frischwurst aufgefüllt.

Wer kennt es nicht, dieses Symbol für preiswertes und schnelles Einkaufen.

- Auf den Verpackungen vieler Nahrungsmittel – vor allem im Fleisch- und Wurstwarenbereich – kann man das Gütezeichen der CMA (Centrale Marketinggesellschaft für Agrarprodukte) entdecken, die für die gute Qualität der Produkte garantiert.
- ALDI hat hervorragend geschultes Personal. Ein renommiertes Wirtschaftsmagazin stellte fest, dass ALDI-Kassenkräfte am korrektesten eintippen.
- Bequemes Einkaufen ist bei ALDI garantiert. ALDI-Filialen findet man vorwiegend in Randgebieten, die in der Regel weiträumige Parkflächen bieten.
- ALDI bietet einmal pro Woche interessante Aktionsware – preiswert und gut. Vom Blumenstock bis zum Hochleistungscomputer ist dort alles zu haben – man muss nur rechtzeitig die Werbezettel studieren.
- ALDI ist »multikulti«: Hier treffen sich Alt und Jung, gehetzte Studenten, sparsame Rentner und die kalkulierende Hausfrau. Nicht selten kann man bei ALDI auch Herren in Anzug antreffen. ALDI-Kundschaft gleicht einem Querschnitt durch die Bevölkerung.

Treue ALDI-Kunden putzen nicht, sie »bimsen«. Außerdem schnäuzen sie in »Kokett« und streichen sich »Nutoka« auf die Frühstückssemmeln!

Die Feste feiern, wie sie fallen

Mit ALDI-Produkten lässt es sich hervorragend feiern. Einen Anlass gibt es ja eigentlich immer, und mit diesem Ratgeber muss man nicht mehr lange überlegen, ob man sich die Ausgabe leisten kann. Denn »Party mit ALDI« liefert viele preisgünstige und schnelle Rezeptvorschläge fürs warme oder kalte Büffet, für Köstlichkeiten mit und ohne Fleisch, für die sommerliche Grillparty, das Kinderfest oder spezielle Partyhappenings wie Nudelabenteuer, Viva Italia oder American Party. Und was die dazugehörigen Getränke betritt, so kann ALDI auch hier mit einem reichen Angebot an Säften, Bier, Wein, Sekt und Spirituosen aufwarten.

Was Sie beim Einkauf beachten sollten

Die Rezepte enthalten nur Zutaten, die bei ALDI erhältlich sind. Gelegentlich sind Gewürze oder Kräuter genannt, die Sie zu Hause haben sollten, z. B. Zimt, Currypulver, Muskatnuss und Knoblauch. Für einige Rezepte werden frische Kräuter benötigt. Wenn Sie sie im Garten oder auf der Fensterbank selbst ziehen, dann haben Sie sie immer frisch zur Hand. Petersilie, Schnittlauch oder Salatkräuter können Sie in getrockneter Form bei ALDI kaufen.
Das ALDI-Angebot an frischem Obst und Gemüse ist jahreszeitlich bedingt. Mit etwas Phantasie können Sie jedoch einzelne Lebensmittel durch andere, frisch erhältliche Sorten oder durch Konservenware (z. B. Champignons oder Spargel) ersetzen. Da frische Lebensmittel aber nicht nur besser schmecken, sondern auch reicher an Vitaminen und Mineralstoffen sind, sollten Sie diese im Zweifelsfall der Dosenware vorziehen. Den vielen Tipps und Informationen können Sie allerlei Wissenswertes zu den verschiedenen Lebensmitteln entnehmen.

Neu bei ALDI-Süd: Endlich gibt es zahlreiche Tiefkühlprodukte, die den ALDI-Speiseplan um eine beträchtliche Anzahl an unterschiedlichen Gerichten erweitert.

Umrechnungstabelle für Backöfen

Sämtliche Temperaturangaben in den Rezepten beziehen sich auf Umluftbacköfen.

Umluft	Elektroherd	Gasherd
120 °C	140 °C	Stufe 1
140 °C	160 °C	Stufe 1–2
160 °C	180 °C	Stufe 2–3
180 °C	200 °C	Stufe 3–4
200 °C	220 °C	Stufe 4–5
220 °C	250 °C	Stufe 6

Häppchen fürs Büffet

Ganz aus der Mode sind sie eigentlich nie gekommen, die liebevoll arrangierten Leckerbissen – dafür sind sie viel zu beliebt. Allerdings hat sich ein neuer Trend abgezeichnet: Inzwischen werden die kleinen Häppchen so kunstvoll zubereitet, dass nicht nur der Magen, sondern auch das Auge mitisst. Außerdem müssen die Häppchen nicht mehr ausschließlich kalt sein. Auch warme Snacks sind jederzeit willkommen.

Schinkenröllchen mit Spargel, die allseits beliebten Käsewürfel oder Trauben-Käse-Spieße gehören schon fast zum klassischen Repertoire von jedem kalten Büffet.

Gaumenfreuden für jedermann

Für eine »Platte« sollte eine bunte Auswahl verschiedener Häppchen zusammengestellt werden. Natürlich müssen Sie für Ihre Party nicht alle vorgestellten Häppchen zubereiten. Wählen Sie aus dem Angebot aus, was Sie besonders reizt, und kombinieren Sie es nach Herzenslust mit Fischspezialitäten, vegetarischen Köstlichkeiten oder mit warmen Snacks aus dem Ofen.
Besonders schön sehen kalte Platten aus, wenn sich die Häppchen hinsichtlich ihrer Farben und Formen unterscheiden. Richten Sie die Snacks hübsch an, und sorgen Sie für ein paar dekorative Farbtupfer. Zum Garnieren eignen sich Zwiebelringe, Radieschen, Tomatenachtel, Gurkenscheiben oder Gewürzgurken, Paprikastreifen, gekochte Eier, Käse oder gekochter Schinken in Streifen, Salatstreifen, Zitronen- und Orangenscheiben, mit Zitronensaft beträufelte Apfelschnitze, Salzstangen, gehackte Nüsse und Weintrauben. Die Hauptzutat eines Snacks sollte sich in der Garnitur wiederfinden.

Ein Partybüffet sollte ansprechend aussehen und darüber hinaus für jeden Geschmack etwas bieten.

Am besten frisch auf den Tisch

Ein guter Gastgeber zu sein ist manchmal gar nicht so einfach. Gestalten Sie am besten alles so, dass Sie sich mit allen Sinnen angesprochen fühlen und sich selbst kaum zurückhalten können, die Häppchen zu verzehren.

Für ein kleineres Fest oder einen Empfang benötigen Sie pro Person etwa sehcs Häppchen. Je nach Länge, Tageszeit und Anlass des Fests kann sich die Anzahl jedoch verdoppeln oder verdreifachen. Da Sie die meisten Zutaten für die kleinen Kunststücke bereits einige Tage vorher bei ALDI kaufen können, bleibt Ihnen mehr Zeit zur Zubereitung. Beginnen Sie mit den Häppchen, die etwas mehr Zeit benötigen und gebraten oder gebacken werden. Manche Rezepte können Sie bereits einige Stunden vorher zubereiten. Dennoch sollten Sie nach Möglichkeit alles frisch zubereiten, denn so schmeckt es einfach am besten.

Tipps zur Zubereitung von Büffetplatten

- Setzen Sie die kleinen Kunststücke nicht zu dicht nebeneinander auf die Platten.
- Verzichten Sie auf Unterlagen aus Papierspitze oder Servietten. Sie können durchweichen und lassen die Platten unappetitlich aussehen. Dekorieren Sie die Häppchen auf Porzellan- oder Metallplatten. Auch Tonschalen oder Holzbretter bieten sich an.
- Wenn Sie möchten, können Sie die Snacks auch mit kleinen Schildern beschriften und diese neben den Platten platzieren.
- Zur Aufbewahrung bedecken Sie die Häppchen am besten mit Klarsichtfolie.
- Häppchen vertragen keine Wärme. Stellen Sie die fertigen Platten bis zum Servieren in den Kühlschrank, auf den (kühlen) Balkon oder die Terrasse.
- Halten Sie während der Feier eine gewisse Reserve im Kühlschrank zurück. Dann können Sie die Platten immer wieder frisch auffüllen.

Lachsschinkenröllchen

Zutaten für ca. 15 Stück
4 Gewürzgurken • 1 Schmelzkäseeck (Sahne) • 125 g Quark Jodsalz, Pfeffer • Paprikapulver • 200 g Lachsschinken 1 Salatgurke

Preis: ca. 5,50 DM

1 Die Gewürzgurken in kleine Würfel schneiden. Den Schmelzkäse mit dem Quark verrühren und die Gurkenwürfel untermischen. Mit Jodsalz, Pfeffer und Paprikapulver herzhaft abschmecken.
2 Die Lachsschinkenscheiben mit der Quarkmasse bestreichen und zusammenrollen.
3 Die Salatgurke schälen und schräg in längliche, ca. 1/2 Zentimeter dicke Scheiben schneiden. Die Lachsschinkenröllchen auf die Gurkenscheiben legen und mit einem Zahnstocher befestigen.

Vor allem wenn Sie im Süden Deutschlands oder einem anderen Jodmangelgebiet leben, sollten Sie statt normalem Salz Jodsalz verwenden.

Fruchtige Käseecken

Zutaten für ca. 15 Stück
15 dünne Baguettescheiben • 2 EL weiche Butter • 1 kleiner runder Camembert (125 g) • 2 kleine Kiwis • 15 TL Preiselbeeren aus dem Glas • grob gemahlener Pfeffer

Preis: ca. 4,00 DM

1 Die Baguettescheiben dünn mit Butter bestreichen. Den Camembert horizontal in 2 Scheiben schneiden, jede Scheibe in 8 Dreiecke zerteilen.
2 Die Kiwis schälen und in Scheiben schneiden.
3 Kiwischeiben und Käsespalten auf den gebutterten Baguettescheiben anrichten.
4 Je 1 Teelöffel Preiselbeeren darauf geben und mit grob gemahlenem Pfeffer bestreuen.

Fleischbällchen

Preis:
ca. 4,50 DM

Zutaten für 30 Stück
500 g Hackfleisch halb und halb (tiefgekühlt) • 1 rote Paprikaschote • 2 Knoblauchzehen • 2–3 EL Semmelbrösel 1 Ei • 3 EL Olivenöl • Jodsalz, Pfeffer • Mehl zum Wenden

Außer bei Vegetariern dürften Fleischbällchen so ziemlich überall gut ankommen. Mit diesen Häppchen können Sie eigentlich nichts falsch machen.

1 Das Hackfleisch im Kühlschrank auftauen lassen. Nach Bedarf Flüssigkeit abtropfen lassen.
2 Die Paprikaschote halbieren, von den Kernen befreien, waschen und in kleine Würfel schneiden. Die Knoblauchzehen abziehen und durch die Presse drücken.
3 Das Gemüse mit den Semmelbröseln, dem Ei und 1 Esslöffel Olivenöl zur Hackfleischmasse geben, alles gut miteinander vermischen. Mit Jodsalz und Pfeffer abschmecken.
4 Aus der Masse etwa 30 walnussgroße Fleischbällchen formen und in Mehl wenden.
5 Das restliche Olivenöl in einer Pfanne erhitzen und die Klößchen darin von allen Seiten knusprig braten. Auf Küchenpapier abtropfen lassen.

Käsestangen

Preis:
ca. 2,50 DM

Zutaten für 15 Stück
1 Blätterteigrolle (250 g) • 1–2 Eier • 50 g geriebener Emmentaler • Jodsalz, Pfeffer

1 Die Blätterteigrolle aufrollen, dritteln und die Scheiben nebeneinander legen. Die Eier verquirlen. Eine Blätterteigscheibe großzügig mit dem Ei bestreichen und mit der Hälfte des geriebenen Käses bestreuen. Mit Jodsalz und Pfeffer würzen.

2 Die zweite Teigscheibe ebenfalls mit Ei bestreichen und mit der bestrichenen Seite auf die erste Scheibe legen. Die Oberfläche wiederum mit Ei bestreichen, mit dem restlichen Käse, Jodsalz und Pfeffer bestreuen.

3 Die letzte Teigscheibe mit Ei bestreichen und mit der bestrichenen Seite auf die übrigen legen. Mit einem Nudelholz oder einem Brett die Scheiben leicht zusammendrücken. Aus den Teigschichten quer 15 Streifen schneiden und leicht drehen.

4 Die Käsestangen auf ein mit Backpapier ausgelegtes Backblech legen. Die Oberfläche – nicht die Schnittflächen – mit Ei bestreichen, dann etwa 15 Minuten ruhen lassen.

5 Die Käsestangen im vorgeheizten Backofen bei 200 °C in etwa 15 Minuten goldbraun backen.

Nicht nur für Partys, auch für die Kinder als Snack für zwischendurch eignen sich die selbst gemachten Käsestangen wunderbar.

Schinken-Käse-Hörnchen

Zutaten für ca. 16 Portionen

1 Blätterteigrolle (250 g) • 100 g gekochter Schinken (Gourmetschinken) • 1/2 Becher Schmand • 30 g geriebener Emmentaler • frisch gehackte Petersilie • Jodsalz, Pfeffer
1 Eigelb

Preis:
ca. 4,00 DM

1 Den Blätterteig dünn ausrollen und in 16 gleich große Dreiecke schneiden. Den Schinken klein schneiden. Den Schmand mit dem Emmentaler und der Petersilie verrühren und mit Jodsalz und Pfeffer gut abschmecken.

2 Die Schinkenmasse gleichmäßig in die Mitte der Dreiecke verteilen und den Teig zur Spitze hin aufrollen. Mit verquirltem Eigelb bestreichen und im Backofen bei 180 °C in etwa 20 Minuten goldbraun backen.

Pumpernickel-Käse-Türmchen

Preis: ca. 4,00 DM

Zutaten für ca. 15 Stück

1 Päckchen Pumpernickel bzw. Vollkornbrot • 1–2 EL weiche Butter oder Margarine • 150 g Gouda in Scheiben 2 Gewürzgurken • 4 Tomaten • Pfeffer

Natürlich können Sie statt Vollkornbrot auch jedes hellere Brot zur Zubereitung der Käsetürmchen verwenden. Anstelle des Goudas eignen sich auch Käsescheibletten.

1 Aus dem Vollkornbrot mit einem runden Plätzchenausstecher (Durchmesser ca. 4 Zentimeter) 15 kleine Taler ausstechen. Die Scheibchen dünn mit Butter oder Margarine bestreichen.

2 Aus dem Käse mit einem anders geformten Plätzchenausstecher 15 Blüten oder Sterne ausstechen (sie sollten einen etwas kleineren Durchmesser als die Brottaler haben). Auf die Brotscheiben legen.

3 Die Gewürzgurken und die Tomaten in hauchdünne Scheiben schneiden und dekorativ auf den Käsetalern arrangieren. Zum Schluss mit etwas Pfeffer bestreuen.

Gebackener Camembert mit fruchtiger Füllung

Preis: ca. 2,00 DM

Zutaten für 4 Stück

1 runder Camembert • 4 TL Preiselbeeren aus dem Glas Butterschmalz zum Ausbacken • Mehl zum Wenden • 1 Ei Semmelbrösel zum Wenden

1 Den Camembert horizontal in 2 Scheiben schneiden und die beiden Scheiben dann in 4 Dreiecke zerteilen.

2 Die Spalten mit einem Teelöffel (oder mit einem kleinen Kugelausstecher für Melonen) vorsichtig aushöhlen.

3 In die Vertiefung je 1 Teelöffel Preiselbeeren geben, dann die beiden Hälften wieder zusammensetzen und fest aneinander drücken.

4 Das Butterschmalz in einem kleinen Topf erhitzen. Die Käsespalten zuerst im Mehl, dann im verquirlten Ei und schließlich in den Semmelbröseln wenden.

5 Kurz frittieren, bis die Kruste goldgelb ist, dann herausnehmen und auf Küchenpapier gut abtropfen lassen.

TIPP Ein Partyrenner ist auch die folgende Käsespezialität, die in Bayern unter dem Namen »Obazda« bekannt ist: 1 Camembert mit einer Gabel zerdrücken und mit je 1 Esslöffel weicher Butter und saurer Sahne vermischen. Die Käsecreme mit 1 kleinen, fein gehackten Zwiebel, mit Paprikapulver, Kümmel, 1 kräftigen Prise Pfeffer und wenig Salz würzen. Auf Pumpernickel verteilen und mit Schnittlauchröllchen bestreut servieren.

Eine Laugenbrezel, ein Rettich und Weizenbier gehören in Bayerns Biergärten zum »Obazdn« immer dazu.

Variante eines Klassikers: Camembert mit fruchtiger Füllung als Überraschung für die Gäste.

Gyrostaler

Preis: ca. 6,50 DM

Zutaten für 15 Stück

1 Packung Gyros (tiefgekühlt) • 1 EL Olivenöl • 4 Tomaten
1 Knoblauchzehe • 1 Becher Schmand • 1/2 Salatgurke
Jodsalz, Pfeffer • 15 Scheiben Toastbrot

Von Griechenland aus fand Gyros recht schnell seinen Weg in deutsche Küchen und hat in vielen Familien schon seinen Stammplatz bei den Lieblingsgerichten.

1 Das Fleisch nach Packungsanweisung mit dem Olivenöl zubereiten.

2 Die Tomaten waschen und in dünne Scheiben schneiden.

3 Die Knoblauchzehe abziehen, durch die Presse drücken und mit dem Schmand verrühren. Die Gurke schälen und auf der Rohkostreibe fein raspeln, unter den Knoblauchschmand mischen. Kräftig mit Jodsalz und Pfeffer würzen.

4 Das Brot rösten, mit einem runden Ausstecher (ca. 7 Zentimeter Durchmesser) 15 Taler aus den Toastscheiben ausstechen.

5 Das Gyros darauf verteilen, mit Tomatenscheiben belegen und mit einem Klecks Schmand garnieren.

Speck-Champignon-Monde

Preis: ca. 4,00 DM

Zutaten für 15 Stück

1 Zwiebel • 1 EL Butter • 100 g gewürfelter Bauchspeck
1 Dose Champignons (250 g) • 2 EL Tomatenmark
Jodsalz, Pfeffer • 1 Blätterteigrolle • 1 Eigelb • 2 EL Milch

1 Die Zwiebel abziehen und fein würfeln. Die Butter in einer Pfanne erhitzen, Bauchspeck und Zwiebeln darin anbraten. Pilze und Tomatenmark zugeben. So lange kochen lassen, bis die Flüssigkeit verdampft ist. Mit Salz und Pfeffer würzen.

2 Aus dem Blätterteig mit einer Tasse 15 Kreise ausstechen. Auf eine Hälfte jedes Kreises 2 Teelöffel von der Füllung geben, die Ränder mit Wasser befeuchten, die andere Hälfte darüber schlagen und festdrücken, so dass ein Halbmond entsteht. Die Oberfläche mehrmals mit einer Gabel einstechen.

3 Das Eigelb mit der Milch verquirlen und die Monde damit bestreichen. Auf ein mit Backpapier ausgelegtes Backblech legen und etwa 15 Minuten ruhen lassen. Im vorgeheizten Backofen bei einer Temperatur von 180 °C auf der mittleren Schiene in etwa 25 Minuten knusprig backen.

Frischkäsebällchen

Zutaten für ca. 15 Stück

50 g Blauschimmelkäse • 100 g Doppelrahmfrischkäse frisch gehackte Petersilie • Jodsalz, Pfeffer • 60 g gehackte Nüsse (Haselnüsse oder Walnüsse)

Preis:
ca. 2,00 DM

1 Den Blauschimmelkäse mit einer Gabel zerdrücken, mit dem Frischkäse und der gehackten Petersilie vermischen. Mit Jodsalz und Pfeffer abschmecken.

2 Mit einem Teelöffel von der Käsemasse kleine Portionen abstechen und kleine Bällchen von etwa 2 Zentimeter Durchmesser daraus formen.

3 Die Bällchen in den gehackten Nüssen wälzen und kühl stellen. Nach Belieben auf Zahnstochern servieren.

TIPP Sie können die Bällchen zur Abwechslung auch in gehackten, gerösteten Erdnüssen wälzen. Verzichten Sie dann aber auf das Salzen der Frischkäsemischung.

Gerade kugelige Happen, wie Fleischbällchen, Frischkäsebällchen oder Rumkugeln, üben einen starken Reiz auf die Gäste aus. Machen Sie deshalb lieber einige zu viel als zu wenig.

Schafskäsedip

Preis:
ca. 4,00 DM

Sherry, auch Jerezwein oder Xeres genannt, ist ein hell- bis braungelber Dessertwein aus der Stadt Jerez de la Frontera.

Zutaten für ca. 15 Stück

200 g Schafkäse • 400 g Vollmilchjoghurt • frisch gehackte Petersilie • etwas Minze und Dill • Jodsalz, Pfeffer etwas Zucker • 1 Stangenweißbrot oder Kräcker

1 Den Käse mit einer Gabel zerdrücken und mit dem Joghurt verrühren.

2 Die gehackten Kräuter unter die Käsecreme rühren und mit Jodsalz, Pfeffer und 1 Prise Zucker abschmecken.

3 Dazu Kräcker oder Stangenweißbrot reichen. Der Käsedip schmeckt auch gut zu Rohkost.

Stangenweißbrot mit Schinken-Ei-Füllung

Preis:
ca. 7,00 DM

Zutaten für ca. 15 Scheiben

1 Stangenweißbrot • 250 g weiche Butter • 4 EL Sherry 150 g Champignons • 2 EL Zitronensaft • 2 hart gekochte Eier • 200 g gekochter Schinken • Jodsalz, weißer Pfeffer 1 Prise Muskatnuss • 3 EL Kresse • 2 EL fein gehackter Dill 1 EL fein gehackte Petersilie

1 Das Brot in der Mitte durchschneiden und mit einem scharfkantigen Löffel die Krume herauslösen. Zerpflücken und mit der weichen Butter und dem Sherry cremig verrühren. Die Champignons putzen, würfeln und mit Zitronensaft beträufeln. Die gekochten Eier pellen und klein hacken. Den Schinken klein schneiden.

2 Alle Zutaten gründlich unter die Butter mischen. Mit Jodsalz, Pfeffer, Muskatnuss und den Kräutern kräftig abschmecken. Das Brot mit der Mischung füllen. In Folie wickeln und im Kühlschrank mindestens 2 Stunden fest werden lassen.

3 Kurz vor dem Servieren in 15 Scheiben schneiden.

Fruchtig gefülltes Frischkäsebrot

Zutaten für ca. 15 Scheiben

1 Dose Pfirsiche • 100 g Sultaninen • 1 Banane • 2 EL Zitronensaft • 50 g weiche Butter • 400 g Doppelrahmfrischkäse
1 Stangenweißbrot

Preis:
ca. 6,00 DM

1 Die Pfirsiche abtropfen lassen und fein würfeln. Die Sultaninen waschen, in wenig Pfirsichsaft oder Wasser einweichen. Die Banane schälen, mit einer Gabel zerdrücken und mit dem Zitronensaft verrühren. Die Früchte in eine Schüssel geben und gut vermengen.

2 Die Butter cremig rühren, dann den Frischkäse hinzufügen und alles gut vermischen. Die Früchte gleichmäßig unterziehen.

3 Das Brot halbieren, die Krume mit einem scharfkantigen Löffel herauslösen und zerpflücken. Unter den Frischkäse ziehen, die Brote mit der Masse füllen. In Folie wickeln und im Kühlschrank mindestens 2 Stunden fest werden lassen.

4 Kurz vor dem Servieren in 15 Scheiben schneiden.

Wer es lieber pikant mag, kann den Frischkäse auch mit frischen Kräutern, klein geschnittenen Tomaten, Radieschen oder Essiggürkchen würzen.

TIPP Ein perfekt gefülltes Brot sollte äußerlich unversehrt sein: Dazu das Brot in der Mitte durchschneiden und mit einem langen, spitzen Messer innen an der Kruste entlang schneiden. Die weiche Krume dann mit einem langen, scharfkantigen Löffel herauslösen.

Alles Fisch

Fisch und Meeresfrüchte sind nicht nur in den mediterranen Ländern oder im hohen Norden Spezialitäten, sondern erfreuen sich inzwischen in ganz Deutschland großer Beliebtheit. An den Fastentagen, an Weihnachten oder Silvester sind Fischgerichte und -snacks in vielen Familien Tradition. Doch Fisch sollte nicht nur zu bestimmten Gelegenheiten gegessen werden. Da er viele wertvolle Vitalstoffe enthält und zudem gut bekömmlich ist, sollte er mindestens zweimal wöchentlich auf der Speisekarte stehen.

Als Begleitung zu Fischspezialitäten schmecken prickelnder Sekt und kühler Weißwein oder Rosé ebenso gut wie bunt gemixte Cocktails.

Gastmahl des Meeres

Fisch und Meeresfrüchte gibt es bei ALDI als Rohware tiefgefroren, gegart oder geräuchert. Da Fisch sehr vielseitig verwendbar ist, lassen sich daraus ganz besondere Leckerbissen zubereiten. Kombiniert mit Früchten, mit Sahnemeerrettich oder mit frisch gehackten Kräutern, sind Fischspezialitäten auf jeder Party ein Renner.

Fisch und Meeresfrüchte sind leicht verderblich. Deshalb sollten Sie die vorbereiteten Häppchen erst kurz vor Beginn der Party servieren und einen Teil davon als Reserve im Kühlschrank aufbewahren.

Neben den Snacks sollten auch ein paar kulinarische Requisiten nicht fehlen: Brotkörbe mit frischem Baguette, Ciabatta oder Brotscheiben, kleine Butter- oder Margarinetöpfchen sowie frisches Obst verführen nicht nur zum Essen, sondern schmücken auch die Festtafel. Damit die Häppchen problemlos von der Hand in den Mund wandern, sorgen Sie für ausreichend Servietten und kleine Teller.

Puffer einmal anders: Zucchini und Lachs veredeln dieses viel geliebte Pfannengericht.

Lachshörnchen

Preis: ca. 6,00 DM

Zutaten für 24 Stück

1 Blätterteigrolle (250 g) • 200 g Räucherlachs • 4 EL Sahnemeerrettich • 1 EL gehacktes Basilikum • Jodsalz, Pfeffer • 1 Ei

1 Den Blätterteig auslegen, mit dem Nudelholz noch etwas dünner ausrollen und in drei lange Streifen schneiden. Dann aus jedem Streifen 8 Dreiecke schneiden.

2 Den Lachs auf dem Blätterteig verteilen. Den Sahnemeerrettich mit dem gehackten Basilikum vermischen, mit Jodsalz und Pfeffer würzen. Auf jede Lachsscheibe einen kleinen Klecks Sahnemeerrettich geben.

3 Die Teigstücke von einer Seite her vorsichtig zur Spitze hin zusammenrollen. Das Ei mit einer Gabel verquirlen und die Lachshörnchen damit bestreichen.

4 Im vorgeheizten Backofen bei einer Temperatur von 180 °C in etwa 20 Minuten goldbraun backen.

Garnelen-Mango-Brote

Preis: ca. 12,50 DM

Zutaten für 15 Stück

15 Riesengarnelen (tiefgekühlt) • 1 TL Honig • 1 TL Cayennepfeffer • Jodsalz • 1 EL Zitronensaft • 1 Knoblauchzehe
1 dünne Stange Lauch • 2 EL Olivenöl • 1 Mango
1 Baguette oder 1 Ciabatta • 2 EL Butter

1 Die Riesengarnelen im Kühlschrank auftauen lassen. Aus dem Honig, dem Cayennepfeffer, dem Jodsalz und dem Zitronensaft eine Marinade herstellen und die Garnelen darin wenden.

2 Den Knoblauch abziehen und durch eine Presse drücken. Den Lauch putzen, waschen und in feine Ringe schneiden.
3 Das Olivenöl in einer Pfanne erhitzen, Knoblauch, Lauchringe und gut abgetropfte Garnelen dazugeben. Die Garnelen von jeder Seite etwa 1 Minute anbraten.
4 Die Mango schälen, das Fruchtfleisch vom Kern trennen und in dünne Scheiben schneiden.
5 Das Baguette oder Ciabatta in 15 Scheiben schneiden und dünn mit Butter bestreichen. Mit Mangoscheiben und je einer Garnele belegen. Die gedünsteten Lauchringe darüber geben.

Krabbencocktail

Zutaten für 4 Portionen
1/4 Eisbergsalat • 200 g Tomaten • 300 g Krabben 3 EL Mayonnaise • 50 g Vollmilchjoghurt • 1 EL Tomatenketchup • Jodsalz, Pfeffer

Preis: ca. 8,50 DM

1 Den Eisbergsalat putzen, waschen und in mundgerechte Stücke zerpflücken.
2 Die Tomaten waschen, putzen und in kleine Würfel schneiden.
3 Die Krabben gut abtropfen lassen, zusammen mit dem Gemüse in eine Schüssel geben und alles gründlich miteinander vermengen.
4 Die Mayonnaise mit dem Joghurt und dem Tomatenketchup verrühren, mit Jodsalz und Pfeffer würzen. Das Dressing über die anderen Zutaten geben und alles gut vermischen.
5 Den Krabbencocktail auf kleine Schälchen verteilen und im Kühlschrank noch etwa 30 Minuten durchziehen lassen.

Wer von Krabbencocktails spricht, denkt dabei sicherlich nicht an ALDI. Dennoch bietet ALDI solche und auch andere eher als Gourmetnahrung angesehene Produkte an.

Gurkenhappen mit Krabben-Quark-Füllung

Preis: ca. 7,00 DM

Zutaten für 16 Stück

1 Salatgurke • 250 g Quark • 150 g Joghurt (vollfett) 200 g Krabben • Jodsalz, Pfeffer • 1/2 Bund Dill

Statt Gurken lassen sich für dieses Rezept auch große Zucchini verwenden.

1 Die Gurke schälen und der Länge nach halbieren. Mit einem Löffel die Kerne herausschaben.

2 Quark und Joghurt miteinander vermischen und vorsichtig die abgetropften Krabben unterrühren. Mit Jodsalz und Pfeffer abschmecken und mit gehacktem Dill verfeinern.

3 Die Krabben-Quark-Masse in die Gurkenhälften füllen und jede Hälfte in 8 etwa gleich große Happen zerteilen.

Tipp Die Gurkenhappen sollten möglichst erst kurz vor dem Servieren gefüllt werden, da sonst das Salz in der Krabben-Quark-Masse die Flüssigkeit aus den Gurken zieht. Das macht sie weich und labbrig.

Krabbenbällchen

Preis: ca. 7,00 DM

Zutaten für ca. 12 Stück

60 g Butter oder Margarine • 125 ml Wasser • Jodsalz 70 g Mehl • 2 Eier • 200 g Krabben • 50 g Champignons 1 EL Mayonnaise • 2 TL gehackter Schnittlauch • Butterschmalz zum Ausbacken

1 Die Butter oder Margarine mit dem Wasser und etwas Jodsalz aufkochen. Das Mehl auf einmal dazugeben und so lange rühren, bis sich der Teig als Kloß vom Topfrand löst. Den Topf vom Herd nehmen und etwas abkühlen lassen.

2 Nach und nach die Eier dazugeben und gut unterrühren. Der Teig sollte glatt und glänzend sein.

3 Die Krabben abtropfen lassen. Die Champignons putzen und klein schneiden. Mit der Mayonnaise und den Schnittlauchröllchen zum Teig geben und untermischen.

4 Das Butterschmalz in einem Topf oder in einer Fritteuse auf etwa 170 °C erhitzen. Mit zwei Teelöffeln kleine Klößchen aus dem Teig abstechen.

5 Die Krabbenbällchen portionsweise im heißen Fett schwimmend in 3 bis 4 Minuten ausbacken. Auf Küchenpapier abtropfen lassen. Am besten warm servieren.

Lachs-Zucchini-Puffer

Zutaten für ca. 15 Stück

250 g Kartoffeln • 150 g Zucchini • 1 Ei • 1 Becher Schmand 1 EL Zitronensaft • Jodsalz, Pfeffer • 1/2 Bund Dill • Olivenöl zum Braten • 150 g Räucherlachs

Preis: ca. 5,00 DM

1 Die Kartoffeln schälen und grob raspeln. Die Zucchini waschen, putzen und ebenfalls grob raspeln. Beides miteinander vermischen und mit etwas Küchenkrepp trocknen.

2 Das Ei mit 1 Esslöffel Schmand, Zitronensaft, Jodsalz, Pfeffer und 1 Esslöffel gehacktem Dill verquirlen und unter die Kartoffel-Gemüse-Raspeln mischen.

3 Das Olivenöl in einer Pfanne erhitzen, 15 kleine Puffer darin ausbacken. Auf Küchenpapier gut abtropfen lassen.

4 Auf jeden Puffer etwas Lachs legen. Vor dem Servieren mit je einem Klecks Schmand und einem Dillzweiglein garnieren.

Lachse werden bis zu 1,5 Meter lang, können ein stattliches Gewicht von bis zu 36 Kilogramm erreichen und werden maximal zehn Jahre alt.

Baguette mit Lachstatar

Preis:
ca. 6,00 DM

Zutaten für ca. 15 Stück

1 französisches Baguette • Butter oder Margarine zum Bestreichen • 200 g Räucherlachs • Saft von 1/2 Zitrone Jodsalz, Pfeffer • 1/2 Bund Dill • Sahnemeerrettich

Als eine Variante können Sie zum Lachstatar noch klein gehackte Zwiebeln geben oder direkt große Zwiebelringe auf das Tatar legen.

1 Das Baguette in etwa 15 gleich große Scheiben schneiden und dünn mit Butter oder Margarine bestreichen.

2 Den Lachs mit einem Messer klein hacken. In eine Schüssel geben, mit dem Zitronensaft beträufeln und mit Jodsalz und Pfeffer würzen. Den Dill fein hacken und vorsichtig unterrühren.

3 Das Lachstatar gleichmäßig auf die Baguettescheiben verteilen und mit je einem Klecks Sahnemeerrettich verzieren.

Lachssandwichs

Preis:
ca. 4,50 DM

Zutaten für 28 Stück

7 Scheiben Toastbrot • Butter zum Bestreichen 100 g Räucherlachs • 1/2 Salatgurke • 300 g Quark 150 g Schmand • 2 Bund Schnittlauch • Jodsalz, Pfeffer

1 Die Toastbrotscheiben rösten und dünn mit Butter bestreichen.

2 Den Lachs in feine Streifen schneiden. Die Gurke schälen, längs halbieren und die Kerne herauslösen. Die Gurke fein würfeln und mit Quark, Schmand, Lachsstreifen und Schnittlauchröllchen vermischen. Mit Jodsalz und Pfeffer würzen.

3 Die Toastscheiben diagonal in je 4 Dreiecke schneiden, die Lachscreme darauf geben. Mit Schnittlauch garnieren.

Lachscreme auf Kräckern

Zutaten für ca. 15 Portionen
1 Zwiebel • 200 g Räucherlachs • 200 g Frischkäse 2 Gewürzgurken • 2 EL Sahne • 1 EL Zitronensaft 1 TL Senf • Pfeffer • 15 Kräcker • frische Dillzweige

Preis:
ca. 8,00 DM

1 Die Zwiebel abziehen und grob hacken. Mit Lachs, Frischkäse, Gewürzgurken, Sahne, Zitronensaft und Senf in einen Mixer geben und pürieren. Mit Pfeffer kräftig abschmecken.
2 Die Lachscreme auf die Kräcker verteilen und mit frischen Dillzweigen garnieren.

Thunfischtaschen

Zutaten für 8 Personen
1 Blätterteigrolle (250 g) • 1/2 Zwiebel • 1 Dose Thunfisch im eigenen Saft • 100 g Frischkäse • Pfeffer • 1 Ei

Preis:
ca. 4,50 DM

1 Den Blätterteig in 8 gleich große Vierecke schneiden.
2 Die Zwiebel abziehen und fein hacken, mit dem Thunfisch und dem Frischkäse vermischen. Mit Pfeffer würzen.
3 Die Thunfischmasse auf dem Blätterteig verteilen. Das Ei mit einer Gabel verquirlen und die Blätterteigränder damit bestreichen. Die Ecken übereinander klappen und gut andrücken.
4 Die Thunfischtaschen auf ein mit Backpapier ausgelegtes Backblech legen und die Oberfläche mit dem restlichen verquirlten Ei bestreichen.
5 Im vorgeheizten Backofen bei 220 °C in etwa 30 Minuten goldbraun backen. Heiß servieren.

Thunfische gehören zur Familie der Makrelen, sie werden bis zu fünf Meter lang und erreichen ein Gewicht von bis zu 600 Kilogramm.

Vegetarisch schlemmen

Vegetarisches Essen ist längst nicht mehr den Vegetariern vorbehalten, die Fleisch und Fisch aus Überzeugung ablehnen. Snacks auf der Basis von Gemüse schmecken auch dem »Mischköstler« und sind bei jedem Büffet ein Muss. Für eine originelle Party kann man auch rein vegetarische Spezialitäten zusammenstellen. In den anderen Kapiteln sind ebenfalls einzelne Gerichte enthalten, die weder Fleisch noch Wurst oder Fisch enthalten und sich mit den nachfolgenden Rezepten wunderbar kombinieren lassen.

Seit mehreren Jahren ist in Deutschland der Fleisch- und Wurstverzehr rückläufig – Zeichen für ein gestiegenes Gesundheitsbewusstsein.

Neues aus der Gemüseküche

Gemüse schmeckt immer – und am besten, wenn es frisch auf den Teller kommt. ALDI hält ein reiches Angebot an frischem Gemüse bereit, daneben erleichtert aber auch tiefgefrorene Ware die schnelle Zubereitung von köstlichen Gerichten.

Gemüse ist nicht nur reich an Vitaminen, Mineral- und Ballaststoffen, es enthält darüber hinaus auch so genannte sekundäre Pflanzenwirkstoffe. Die gesundheitsfördernde Wirkung dieser Stoffe ist heute nicht mehr von der Hand zu weisen. Sie beugen Krebserkrankungen vor, schützen vor Infektionen mit Bakterien und Viren, hemmen die Entstehung von schädlichen Stoffwechselprodukten, regen das Immunsystem an, verhindern Blutgerinnsel und fördern die Verdauung. Heute sind mehr als 100 000 dieser Wirkstoffe in Obst und Gemüse bekannt, u. a. Farbstoffe, schwefelhaltige Ver-

Mit einem pikanten Dip serviert wird rohes Gemüse zum Partyschlager.

Weiße und gelbe Flecken, wässrige Oberflächenläsionen und graue bis schwarze Verfärbungen sind typische Zeichen für Kälteschäden bei Gemüsen.

bindungen und andere Aroma gebende Stoffe. Sie schützen die Pflanze in erster Linie vor dem Befall durch Schädlinge und Krankheiten oder geben ihr durch die Farbstoffe das typische Aussehen.

Gemüse richtig einkaufen und lagern

Achten Sie beim Einkauf darauf, dass das Gemüse eine unversehrte, glänzende Schale und eine straffe Oberfläche hat. Zwiebeln sollten keine Triebe, Kartoffeln weder Keime noch grüne Stellen aufweisen.
Wenn Sie Gemüse auf Vorrat einkaufen, sollten Sie auf die richtige Lagerung achten. Paprika, Tomaten, Gurken und Zucchini gehören z. B. nicht in den Kühlschrank, da sie kälteempfindlich sind und bei niedrigen Temperaturen an Geschmack einbüßen. Eine kühle Speisekammer ist für diese Gemüsesorten der geeignete Lagerort. Im Keller oder einer abgedunkelten Speisekammer sind Zwiebeln und Kartoffeln gut aufgehoben. Der Kühlschrank eignet sich nur zur kurzfristigen Lagerung von Salat und Gemüse wie z. B. Blattsalaten, Erbsen, Spargel und Champignons.

Tipps zur Zubereitung

- Entfernen Sie beim Putzen und Schälen von Gemüse nur das Notwendigste.
- Bereiten Sie Salat und Gemüse erst kurz vor dem Verzehr zu. Das schont die Vitamine und Mineralstoffe.
- Waschen Sie Gemüse möglichst unzerkleinert und nur kurz, dafür aber sehr gründlich.
- Halten Sie die Garzeit so kurz wie möglich – so bleiben Geschmack und Nährstoffe erhalten.
- Dünsten Sie Gemüse in wenig Wasser, um ein Auslaugen der Mineralstoffe zu verhindern.

Gratinierte Tomaten mit Schafskäse

Zutaten für 4 Personen
4 mittelgroße Tomaten • 100 g Schafskäse • Knoblauchsalz, Jodsalz, Pfeffer • frisch gehacktes Basilikum • Thymian 4–6 EL Olivenöl

Preis: ca. 2,00 DM

1 Die Tomaten waschen und vierteln, den Stielansatz entfernen. Den Schafskäse in kleine Würfel schneiden.
2 Die Tomatenviertel in eine leicht geölte Auflaufform setzen und mit Schafskäse belegen. Kräftig mit Knoblauchsalz, Jodsalz, Pfeffer, Basilikum und Thymian würzen.
3 Olivenöl darüber verteilen und im vorgeheizten Backofen bei 180 °C 20 Minuten gratinieren.

Lauch-Möhren-Waffeln

Zutaten für 6 Stück
100 g Möhren • 150 g Lauch • 250 g Mehl • 2 Eier 150 g Sahne • 200 ml Wasser • 3 EL geriebener Emmentaler Jodsalz, Pfeffer • geriebene Muskatnuss • 2 EL Olivenöl

Preis: ca. 2,00 DM

1 Die Möhren schälen und fein raspeln. Den Lauch putzen, waschen und in feine Ringe schneiden. Das Mehl mit den Eiern, der Sahne und dem Wasser verquirlen.
2 Das Gemüse und den geriebenen Käse unter den Teig rühren und mit den Gewürzen herzhaft abschmecken. Der Teig sollte dickflüssig sein.
3 Das Waffeleisen erhitzen und mit Olivenöl auspinseln. 2 bis 3 Esslöffel Teig in die Mitte geben und 6 hellbraune Waffeln backen. Am besten warm mit Schmand servieren.

Die Muskatnuss stammt von einem im südostasiatischen Gebiet heimischen Baum. Die pfirsichähnliche Frucht enthält als Samen die bei uns als Gewürz bekannte Muskatnuss.

Gemüse mit Walnussdip

Preis: ca. 5,00 DM

Zutaten für 10 Portionen

500 g Möhren • 1 Salatgurke • 3 Paprikaschoten (bunt)

Für den Dip: 50 g Walnusskerne • 500 g Quark • 200 g Vollmilchjoghurt • 2 EL Sahne • Jodsalz, Pfeffer • Zucker

1 Möhren und Gurke schälen, Paprikaschoten waschen und putzen. Alles in Streifen schneiden.

2 Für den Dip die Walnusskerne fein hacken und in einer Pfanne ohne Fett anrösten. Quark, Joghurt und Sahne in eine Schüssel geben, gut verrühren und mit Jodsalz, Pfeffer und Zucker abschmecken.

3 Die Walnüsse unterrühren und den Dip zum Gemüse reichen.

Gemüse in Bierteig

Preis: ca. 10,00 DM

Zutaten für ca. 8–10 Portionen

1 Blumenkohl • 1 Brokkoli • 1 Schale Champignons

Für den Bierteig: 4 Eier • 300 ml helles Bier • 250 g Mehl
50 g geriebener Emmentaler • ca. 1 kg Butterschmalz zum Ausbacken

Für den Dip: 300 g Vollmilchjoghurt • 100 g Schmand
frisch gehackte Kräuter (z. B. Petersilie und Schnittlauch)
Jodsalz, Pfeffer • 1 Prise Zucker

1 Den Blumenkohl und den Brokkoli putzen, waschen und in Röschen teilen. In wenig Salzwasser bissfest garen. Anschließend herausnehmen und in einem Sieb gut abtropfen lassen. Die Champignons putzen.

2 Für den Bierteig die Eier, das Bier und das Mehl gut miteinander

verrühren. Den geriebenen Käse untermischen.
3 Das Butterschmalz in einem kleinen Topf erhitzen. Die Blumenkohl- und Brokkoliröschen einzeln in den Teig tauchen und im heißen Fett 6 bis 8 Minuten frittieren. Auf Küchenpapier gut abtropfen lassen.
4 Für den Dip den Joghurt mit dem Schmand und den Kräutern verrühren. Mit Jodsalz, Pfeffer und Zucker abschmecken.

Spinatlasagne

Zutaten für 4–6 Portionen
450 g Rahmspinat (tiefgekühlt) • 300 g Magerquark 1/8 l Sahne • 1–2 Knoblauchzehen • 120 g geriebener Emmentaler • 3 Eier • Jodsalz, Pfeffer • geriebene Muskatnuss 1 Packung Lasagneblätter (ungekocht) • 2 EL Butter

Preis: ca. 6,50 DM

1 Den Spinat auftauen lassen. Den Quark mit der Sahne, dem zerdrückten Knoblauch, 80 Gramm geriebenem Emmentaler und den Eiern glatt rühren. Mit Jodsalz, Pfeffer und Muskatnuss pikant abschmecken.
2 Eine rechteckige Auflaufform ausfetten. Einige Löffel Spinat auf dem Boden verteilen, mit Lasagneblättern bedecken.
3 Die Lasagneblätter dünn mit Quarkmasse bestreichen. Dann wieder Spinat und Nudelblätter darauf verteilen und mit Quark bedecken. So lange wiederholen, bis alle Zutaten verbraucht sind. Mit Spinat abschließen.
4 Den Spinat mit dem restlichen Emmentaler bestreuen und zum Schluss Butterflöckchen darauf verteilen. Die Lasagne im vorgeheizten Backofen bei einer Temperatur von 200 °C etwa 35 Minuten backen.

Beim Spinat scheiden sich geschmacklich die Geister; fest steht jedoch, dass er eine Nährstoffbombe für den gesamten Stoffwechsel ist. Magnesium und Mangan sind reichlich in ihm enthalten.

Möhren-Zucchini-Taler

Preis: ca. 3,00 DM

Zutaten für ca. 20 Stück

1 Möhre • 2 mittelgroße Zucchini • 1 Knoblauchzehe 100 g geriebener Gouda • 2 EL gehackte Petersilie • Jodsalz, Pfeffer • Butterschmalz oder Olivenöl zum Ausbacken Mehl zum Wenden

Die Möhren-Zucchini-Taler, schmecken etwas mehr nach Italien und Mittelmeer, wenn Sie frischen Thymian unter den Teig mischen.

1 Möhre schälen, Zucchini waschen und putzen. Beides auf der Rohkostreibe fein raspeln. Knoblauch durch die Presse drücken. In einer Schüssel mit Käse und Petersilie vermischen. Mit Jodsalz und Pfeffer würzen.

2 Butterschmalz bzw. Öl in einer Pfanne erhitzen. Aus dem Teig esslöffelgroße Taler formen, im Mehl wenden und im heißen Fett von beiden Seiten goldbraun ausbacken. Auf Küchenpapier gut abtropfen lassen.

Zucchini mit Frischkäsefüllung

Preis: ca. 3,00 DM

Zutaten für ca. 15 Stück

2 mittelgroße Zucchini (etwa 400 g) • 2 EL Olivenöl • Jodsalz, weißer Pfeffer • 100 g körniger Frischkäse • 1 kleine Möhre 1 kleiner Apfel • Kresse • 2 EL Zitronensaft • 1 Prise Zucker

1 Die Zucchini waschen, putzen und schräg in etwa 2 Zentimeter dicke Scheiben schneiden.

2 Das Öl in einer Pfanne erhitzen, die Zucchinischeiben darin von jeder Seite knapp 1 Minute anbraten. Auf Küchenpapier legen und beide Seiten gut abtropfen lassen.

3 Die Zucchinischeiben mit einem Teelöffel oder einem Kugelausstecher leicht aushöhlen. Innen salzen und pfeffern.

4 Das ausgelöste Zucchinifleisch klein würfeln, unter den Frischkäse mischen. Die Möhre und den Apfel waschen, grob raspeln, ebenfalls unter den Käse mischen. Etwas Kresse unterziehen.

5 Die Frischkäsemasse mit Jodsalz, Pfeffer, Zitronensaft und 1 kleinen Prise Zucker abschmecken. Mit einem Teelöffel in die vorbereiteten Zucchinischeiben füllen und mit etwas Kresse garnieren.

Die Hauptinhaltsstoffe von Zucchini sind: Magnesium, Provitamin A, Karotinoide, Vitamin E, Ballaststoffe und reichlich Wasser.

INFO Zucchini zählen zur Familie der Kürbisse und stammen ursprünglich aus Italien. Am schmackhaftesten sind sie bei einer Länge von maximal 20 Zentimeter. Je länger und dicker sie sind, desto mehr Wasser enthalten sie und büßen dadurch an Geschmack ein. Bevorzugen Sie daher die kleinen Exemplare. Schaffen Sie sich einen Wintervorrat an, indem Sie die geputzten und in Scheiben geschnittenen Zucchini 2 Minuten blanchieren. Anschließend eiskalt abschrecken und ins Gefrierfach geben. Dort sind sie 3 bis 4 Monate haltbar.

Zucchini mit Fischkäsefüllung: ein dekoratives und leichtes Häppchen.

Paprikaröllchen mit Frischkäse

Preis: ca. 6,00 DM

Zutaten für 6 Portionen

je 2 rote, gelbe und grüne Paprikaschoten • 400 g Frischkäse • 2 EL Olivenöl • 2 EL fein gehacktes • Basilikum Jodsalz, Pfeffer

Das zweifarbige Muster der Paprikaröllchen spricht Augen und Gaumen an. Sollten sich die Paprikaröllchen wieder aufrollen, fixieren Sie sie mit einem Zahnstocher.

1 Die Paprikaschoten halbieren, von den Kernen befreien und waschen. Mit der Hautseite nach oben auf ein Backblech legen und im Backofen etwa 15 Minuten grillen, bis die Haut leicht gebräunt ist und Blasen wirft.

2 Die Paprikaschoten herausnehmen, mit einem feuchten Küchentuch bedecken und abkühlen lassen. Anschließend häuten und in 3 Zentimeter breite Streifen schneiden.

3 Den Frischkäse mit dem Olivenöl vermischen. Mit Basilikum, Jodsalz und Pfeffer abschmecken. Die Paprikastreifen mit der Käsecreme bestreichen und aufrollen.

Spargel-Käse-Croissants

Preis: ca. 4,00 DM

Zutaten für 24 Stück

1 Blätterteigrolle (250 g) • 1 Glas Spargel • 60 g geriebener Gouda • Paprikapulver • Jodsalz, Pfeffer • 1 Ei

1 Den Blätterteig dünn ausrollen und der Länge nach in 3 Streifen teilen. Aus jedem Streifen 6 Dreiecke schneiden.

2 Den Spargel abtropfen lassen und in kleine Stücke schneiden. Mit dem geriebenen Käse vermischen und mit Paprikapulver, Jodsalz und Pfeffer abschmecken.

3 Die Spargel-Käse-Mischung gleichmäßig auf

die Teigdreiecke verteilen, von einer Seite zur Spitze hin aufrollen. Die Oberfläche mit dem verquirlten Ei bestreichen.

4 Im vorgeheizten Backofen bei 180 °C in etwa 20 Minuten goldgelb backen. Die Croissants schmecken warm und kalt.

TIPP Natürlich können Sie für die Füllung auch frischen Spargel verwenden: Die Spargelstangen schälen, in kleine Stücke schneiden und in Salzwasser bissfest garen. Dann wie oben beschrieben weiter verarbeiten.

Marinierte Zucchinischeibchen

Zutaten für ca. 10 Stück

2 mittelgroße Zucchini • 1 Knoblauchzehe • 1 Bund Petersilie
8 EL Olivenöl • Jodsalz, Pfeffer • 200 g Gouda in Scheiben
1 Packung Vollkornbrot • ca. 10 Basilikumblätter
Zahnstocher

Preis: ca. 4,50 DM

1 Zucchini waschen, putzen und in 3 Millimeter dicke und 3 Zentimeter breite Scheiben schneiden.

2 Die Knoblauchzehe abziehen und durch die Presse drücken. Mit dem Knoblauch, der gehackten Petersilie und 5 Esslöffeln Öl eine Marinade anrühren, mit Jodsalz und Pfeffer abschmecken. Die Zucchinischeiben 2 Stunden darin ziehen lassen.

3 Die Marinade abtropfen lassen und das restliche Öl erhitzen. Die Zucchinistücke darin goldbraun braten.

4 Den Käse in Quadrate (ca. 3 mal 3 Zentimeter) schneiden. Abwechselnd mehrere Zucchini- und Käsescheiben mit einem Zahnstocher auf gleich große Vollkornbrotscheiben stecken. Mit einem Basilikumblatt garnieren.

Olivenöl entsteht durch das Auspressen der reifen Früchte des immergrünen Olivenbaums, der bis zu zwölf Meter hoch wird und in allen warmen, sonnigen und frostfreien Ländern wächst.

Pilzstrudel

Preis:
ca. 9,00 DM

Zutaten für 4 Portionen

1 Blätterteigrolle (250 g) • 1 große Zwiebel • 2 Knoblauchzehen • 700 g Champignons • 50 g Butter • Jodsalz, Pfeffer 100 g Sahne • 100 g Schmand • 3 EL gehackte Petersilie flüssige Butter zum Bestreichen

Als Variation können Sie dem Pilzstrudel noch klein gehackten Feta beimischen. Geben Sie ihn mit den Pilzen in die Pfanne, und lassen Sie ihn leicht anschmelzen.

1 Den Blätterteig ausrollen und mit der Gabel mehrmals einstechen. Zwiebel und Knoblauchzehen abziehen und fein würfeln. Die Champignons putzen und in Scheiben schneiden.

2 Die Butter in einer Pfanne zerlassen und die Zwiebel- und Knoblauchwürfel darin glasig dünsten. Dann die Champignonsscheiben hinzufügen und so lange dünsten, bis die Flüssigkeit verdunstet ist. Mit Jodsalz und Pfeffer würzen und mit der Sahne aufgießen. Dann den Schmand und die gehackte Petersilie unterheben.

Sahniger Pilzstrudel: Die pikante Füllung entsteht ohne großen Arbeitsaufwand.

3 Die Rahmpilze gleichmäßig auf dem Blätterteig verteilen. Die seitlichen Ränder einschlagen und den Teig aufrollen. Sämtliche Teigränder mit etwas Wasser bepinseln und gut zusammendrücken.

4 Den Pilzstrudel auf ein mit Backpapier ausgelegtes Backblech legen und mit geschmolzener Butter bestreichen. Im Backofen bei einer Temperatur von 200 °C in etwa 20 Minuten goldbraun backen.

Champignon-Lauch-Frittata

Zutaten für 4 Portionen

1 Zwiebel • 3 EL Olivenöl • 200 g Champignons • 2 Stangen Lauch • 2 Knoblauchzehen • Jodsalz, Pfeffer • 5 Eier
3 EL gehackter Schnittlauch

Preis:
ca. 3,50 DM

1 Die Zwiebel abziehen und fein hacken. Das Öl in einer beschichteten Pfanne erhitzen und die Zwiebelwürfel darin glasig dünsten.

2 Champignons putzen und in Scheiben schneiden. Lauch putzen, waschen und in Ringe schneiden. In die Pfanne geben und etwa 10 Minuten dünsten. Den Knoblauch abziehen und zerdrücken, zum Gemüse geben. Mit Jodsalz und Pfeffer abschmecken.

3 Die Eier in einer Schüssel gut verquirlen und die Schnittlauchröllchen unterheben. Über die Champignons geben und bei schwacher Hitze stocken lassen. Gelegentlich vorsichtig an der Pfanne rütteln, damit nichts ansetzt.

4 Die Frittata nach etwa 6 Minuten auf einen Teller stürzen, umgedreht wieder in die Pfanne geben und weitere 5 bis 8 Minuten auf der anderen Seite fertigbraten.

Teilen Sie die Frittata vor dem Servieren in Stücke beliebiger Form, und reichen Sie einen Dip dazu.

Quiche & Co.

Wem die Zubereitung von kleinen Häppchen zu mühsam ist, der kann mit verschiedenen Quiches und Aufläufen ein tolles Büfett zaubern und seine Gäste bestimmt damit begeistern. Quiches lassen sich mit ALDI-Zutaten in Blitzesschnelle zubereiten. Viele Zutaten sind bereits klein geschnitten, gegart oder tiefgekühlt bei ALDI erhältlich, so dass die Vorbereitungszeit bei den meisten Gerichten nur kurz ist.

Die Quiche stammt ursprünglich aus Frankreich und heißt dort Quiche Lorraine. Man kann sie bei jeder Art von Party gut zum Einsatz bringen, ohne zu befürchten, dass sie bei den Gästen nicht ankommt.

Deftige Kuchen mit Innenleben

Das Grundgerüst für jede Quiche ist der Boden, der aus Blätterteig oder aus einem Mürbeteig hergestellt wird. ALDI bietet frischen Blätterteig an, der nur noch auf Form zugeschnitten werden muss. Um Abwechslung in die Quicheparty zu bringen, sind einige Rezepte mit Mürbeteigboden, andere mit Kartoffelteig oder einer Grieß-Mehl-Masse hergestellt. Rezepte mit Mürbeteigboden können Sie problemlos auch mit Blätterteig herstellen – das spart die Zeit für die Teigherstellung und schmeckt bestimmt genauso gut.

Ein weiterer wichtiger Bestandteil von Quiches ist der Guss. Er besteht meist aus Sahne oder Schmand und Eiern. Seinen unverwechselbaren Geschmack verleihen ihm unterschiedliche Gewürze, frische oder getrocknete Kräuter und geriebener Käse.

Vor allem bei der Füllung der deftigen Kuchen sind der Phantasie keine Grenzen gesetzt. Vom Gemüsekuchen über das Lachsgratin zur deftigen Hackfleischtorte, von herzhaft bis delikat – Quiches und Aufläufe bieten für jeden Geschmack etwas.

Es muss nicht immer Quiche Lorraine sein: Es gibt unzählige Varianten von deftig bis vegetarisch.

Praktische Tipps rund um die Quiche

Mit Quiches ist man auf einer Party immer gut beraten: Sie können mit Gemüse, Fleisch, Fisch oder Meeresfrüchten hergestellt werden und lassen keinen Wunsch offen.

- Vermengen Sie zunächst in einer Schüssel alle Zutaten mit den Knethaken des Handrührgeräts, bis sie sich miteinander verbunden haben. Kneten Sie dann auf der Arbeitsfläche mit den Händen weiter, denn nur so erkennen Sie, ob der Teig die richtige Konsistenz hat: Zu trockenen Teig verknetet man mit etwas Wasser, klebriger Teig, der an den Händen haften bleibt, wird in Mehl gewendet und dann kräftig weiter geknetet.
- Quiches bäckt man am besten in Porzellanformen. Sie sind besonders dekorativ und sehen auch am gedeckten Tisch schön aus. Ebenso geeignet sind Springformen, aus der sich die fertig gebackene Quiche gut lösen lässt. Hübsch und handlich – vor allem für Stehpartys – sind auch kleine Quiches. Dazu verwenden Sie am besten kleine Torteletteförmchen.
- Eine Quiche aus der 26-Zentimeter-Form reicht als Hauptgericht für 4, der Blechkuchen für 5 bis 6 Personen. Als Vorspeise können Sie die Kuchen in 8 bzw. 16 Portionen teilen. Wenn Sie kleine Torteletteförmchen verwenden, reichen die Rezepte je nach Größe der Förmchen für 8 bis 12 Stück. Backen Sie bei Einladungen die doppelte Portion, denn eine Quiche macht häufig Appetit auf mehr.
- Beachten Sie bitte, dass sich die Backzeit bei den Miniquiches um 10 bis 15 Minuten verringern kann. Quiches sollten eine goldbraune Farbe haben – dann sind sie fertig. Wenn sich die Oberfläche zu schnell dunkelbraun verfärbt, die Quiche bis zum Ende der Backzeit mit Alufolie abdecken.
- Zu den folgenden Rezepten servieren Sie am besten einen knackigen Salat und ein kühles Bier, ein Gläschen Wein oder einen spritzigen Apfelwein (Cidre).

Cabanossiquiche

Zutaten für 4–6 Portionen (26-Zentimeter-Form)
Für den Teig: 250 g Mehl • 125 g Butter • 65 ml Wasser 5 g Jodsalz
Für die Füllung: 1 Zwiebel • je 1 rote, grüne und gelbe Paprikaschote • 300 g Cabanossi • 1 EL Olivenöl • Jodsalz, Pfeffer
Für den Guss: 1 Becher Sahne • 4 Eier • Jodsalz, Pfeffer Oregano • Majoran • 50 g geriebener Emmentaler

Preis: ca. 5,50 DM

1 Das Mehl, die weiche Butter, das Wasser und das Salz in eine Schüssel geben und mit den Knethaken zu einem geschmeidigen Teig verarbeiten. Eine Springform ausfetten und mit dem Teig auslegen. Den Boden mehrmals mit einer Gabel einstechen.

2 Die Zwiebel abziehen und fein würfeln. Die Paprikaschoten halbieren, von den Kernen befreien und waschen. Ebenfalls in kleine Würfel schneiden. Die Cabanossi in dünne Scheiben schneiden.

3 Das Olivenöl in einer Pfanne erhitzen und die Zwiebel- und Paprikawürfel darin andünsten. Mit Jodsalz und Pfeffer würzen. Kurz abkühlen lassen, die Cabanossischeiben dazugeben und alles gut miteinander vermengen. Die Cabanossi-Gemüse-Mischung gleichmäßig auf dem Teig verteilen.

4 Für den Guss Sahne und Eier verquirlen und mit Jodsalz, Pfeffer, Oregano und Majoran würzen. Den geriebenen Käse unterrühren.

5 Die Quiche im vorgeheizten Backofen bei einer Temperatur von 200 °C etwa 30 bis 35 Minuten goldbraun backen. Wenn die Oberfläche zu dunkel wird, bis zum Ende der Backzeit ein Stück Alufolie über die Quiche legen.

Cabanossi sind kleine, fingerdicke Brühwürste. Sie sind recht grob verarbeitet, sehr stark gewürzt und werden bei der Herstellung geräuchert.

Herzhafte Hackfleischtorte

Preis: ca. 10,00 DM

Zutaten für 6–8 Portionen (26-Zentimeter-Form)
500 g Hackfleisch halb und halb (tiefgekühlt) • 1 altbackenes Brötchen • 200 g Champignons • 50 g geräucherter Bauchspeck • 1 Zwiebel • 2 Knoblauchzehen • 1 TL Butter Jodsalz, Pfeffer • Kümmel • Petersilie • 1 EL Gemüsebrühe (Instant) • 2 Eier • 2 Blätterteigrollen (à 250 g) • 1 Eigelb Öl zum Ausfetten der Form

Aus dem restlichen Blätterteig können Sie mit Plätzchenausstechern kleine Formen ausstechen und auf den Deckel der Torte legen und mitbacken.

1 Das Hackfleisch im Kühlschrank auftauen lassen. Das Brötchen in heißem Wasser einweichen. Die Champignons putzen und in Scheiben schneiden, den Bauchspeck fein würfeln. Die Zwiebel und die Knoblauchzehen abziehen und klein würfeln.

2 In einer Pfanne die Butter erhitzen und die Bauchspeck-, Zwiebel- und Knoblauchwürfel darin bei mittlerer Hitze goldbraun anbraten. Dann die Champignons dazugeben und so lange dünsten, bis die Flüssigkeit verdampft ist. Mit den Gewürzen und Petersilie abschmecken. Etwas abkühlen lassen.

3 Die Brötchen ausdrücken und mit Hackfleisch, Eiern und der Speck-Champignon-Mischung vermengen. Nochmals mit Pfeffer, Jodsalz und Gemüsebrühe würzen.

4 Eine Springform gleichmäßig mit Butter ausfetten. Aus der Blätterteigrolle einen Kreis in der Größe der Form ausschneiden. Die Form mit dem Blätterteig aus legen, dabei den Teig auch am Rand hochziehen. Die Hackfleischmischung auf dem Boden verteilen.

5 Aus der zweiten Blätterteigrolle einen etwas größeren Kreis ausschneiden und den Belag damit abdecken. Die Teigränder etwas zusammendrücken. In der Mitte des Teigdeckels ein Loch ausschneiden. Den Deckel mit dem verquirlten Eigelb bestreichen.

6 Im vorgeheizten Backofen bei 200 °C etwa 50 Minuten backen.

Spinatquiche

Zutaten für 4–6 Portionen (26-Zentimeter-Form)
1 Packung Rahmspinat (tiefgekühlt) • 200 g Schafskäse
200 g Sahne • 4 Eier • Muskatnuss • Jodsalz, Pfeffer
1 Blätterteigrolle (250 g) • 1 Eigelb zum Bestreichen

Preis:
ca. 5,50 DM

1 Den Spinat nach Packungsanweisung zubereiten. Den Schafskäse in kleine Würfel schneiden. Die Sahne mit den Eiern verquirlen und mit Muskatnuss, Jodsalz und Pfeffer würzen.

2 Aus der Blätterteigrolle einen Kreis in passender Größe ausschneiden und eine gefettete Quicheform damit auslegen. Den Teig auch am Rand hochziehen und mit einer Gabel mehrmals einstechen. Den restlichen Teig in längliche Streifen schneiden.

3 Den Spinat mit den Schafskäsewürfeln und der Eier-Sahne-Mischung verrühren und auf dem Blätterteig verteilen. Die Teigsteifen gitterförmig darüber legen.

4 Die Spinatquiche im vorgeheizten Backofen bei 200 °C etwa 35 Minuten backen. Die Quiche vor dem Servieren noch etwa 10 Minuten ruhen lassen. Schmeckt auch kalt köstlich.

Grundsätzlich kann man Quiches mit allen Gemüsen zubereiten. Ihrer Phantasie und Experimentierfreude sind dabei keine Grenzen gesetzt.

Tipp Wer es gern noch etwas pikanter mag, kann dem Spinat eine gepresste Knoblauchzehe hinzufügen.

Französischer Zwiebelkuchen

Preis:
ca. 4,50 DM

In allen Weinbaugebieten wird im Herbst der frisch gekelterte und leicht angegorene neue Wein angeboten. Klassischerweise serviert man dazu Zwiebelkuchen und deftigen Käse.

Zutaten für 4–6 Portionen (26-Zentimeter-Form)

Für den Teig: 250 g Mehl • 125 g Butter • 65 ml Wasser
5 g Jodsalz • Butter oder Margarine zum Ausfetten
Für die Füllung: 150 g gekochter Bauchspeck • 1,5 kg Zwiebeln
Jodsalz, Pfeffer • Kümmel
Für den Guss: 2 Eier • 125 g Sahne • 50 g geriebener Emmentaler

1 Mehl, weiche Butter, Wasser und Salz in eine Schüssel geben und mit den Knethaken des Handrührgeräts zu einem geschmeidigen Teig verarbeiten. Eine Springform ausfetten und mit dem Teig auslegen.

2 Den Bauchspeck würfeln und in einem großen Topf anbraten.

3 Die Zwiebeln abziehen, grob hacken und in den Topf geben. Kurz andünsten und mit Jodsalz, Pfeffer und Kümmel kräftig würzen.

Mit einer fleischlosen Gemüsetorte oder einem Gemüsegratin mit Schafskäse (Rezept Seite 53) werden Sie sicher nicht nur Vegetarier wunschlos glücklich machen.

4 Die Eier mit der Sahne verquirlen und den geriebenen Emmentaler darunter mischen.

5 Die gedünstete Zwiebel-Speck-Masse in die Springform geben, mit der Eiersahne übergießen und im Backofen bei einer Temperatur von 200 °C etwa 30 bis 40 Minuten backen.

Gemüsetorte

Zutaten für 4–6 Portionen (26-Zentimeter-Form)
Für den Mürbeteig: 250 g Mehl • 1 Ei • 1 Prise Jodsalz
5 EL Milch • 125 g Butter
Für den Belag: 500 g Kaisergemüse (tiefgekühlt)
1 EL Gemüsebrühe (Instant) • Muskatnuss • Jodsalz, Pfeffer
Für den Guss: 1 Becher Sahne • 3 Eier • 200 g geriebener Emmentaler • Jodsalz, Pfeffer • frischer Schnittlauch

Preis:
ca. 6,00 DM

1 Mehl, Ei, Salz, Milch und weiche Butter mit den Knethaken des Handrührgeräts zu einem geschmeidigen Teig verarbeiten. Eine gefettete Springform damit auslegen. Mit der Gabel mehrmals einstechen. Etwa 30 Minuten kalt stellen.

2 Das Gemüse nach Packungsanweisung in der Gemüsebrühe zubereiten. Mit Muskatnuss, Jodsalz und Pfeffer herzhaft abschmecken.

3 Für den Guss die Sahne mit den Eiern und dem geriebenen Käse verquirlen. Salzen, pfeffern und den klein geschnittenen Schnittlauch unterheben.

4 Das gegarte Gemüse auf dem Teig verteilen und die Eiersahne darüber geben. Im vorgeheizten Backofen bei einer Temperatur von 200 °C in 20 bis 25 Minuten goldbraun backen. Abkühlen lassen und vorsichtig aus der Form nehmen.

Tiefgefrorenes Gemüse enthält mehr Vitamine und Mineralstoffe als zu lange gelagertes frisches Gemüse. Dennoch ist es besser, immer frisches Gemüse einzukaufen und es dann möglichst gleich zu verarbeiten.

Blumenkohltorte

Preis: ca. 6,00 DM

Zutaten für 4–6 Portionen (26-Zentimeter-Form)
1 großer Blumenkohl • 150 g Champignons • 2 EL Butter 2 EL gehackte Petersilie • Jodsalz, Pfeffer • 1 Blätterteigrolle (250 g) • 4 Eier • 1 Becher Sahne

Der weiße Blumenkohl ist eine wahre Vitaminbombe. Besonders die für die Blutbildung wichtige Folsäure enthält er in großen Mengen.

1 Den Blumenkohl in kleine Röschen zerteilen. die Champignons in Scheiben schneiden.
2 Blumenkohl in 1 Esslöffel Butter andünsten, mit 1/2 Tasse Wasser aufgießen und bissfest garen.
3 Pilze in der restlichen Butter andünsten. Das Gemüse mit Petersilie, Jodsalz und Pfeffer würzen.
4 Eine Springform mit dem Teig auslegen. Im vorgeheizten Backofen bei 200 °C etwa 15 Minuten backen.
5 Das gedünstete Gemüse gleichmäßig auf dem Boden verteilen. Die Eier mit der Sahne verquirlen, leicht würzen und über das Gemüse gießen.
6 Die Torte auf der mittleren Schiene des Backofens in 30 bis 40 Minuten fertig backen.

Quiche à la Nathalie

Preis: ca. 5,50 DM

Zutaten für 4–6 Portionen (26-Zentimeter-Form)
50 g Mehl • 50 g Grieß • 4 Eier • 1 Becher Sahne 200 ml Milch • 50 g geriebener Emmentaler • Jodsalz, Pfeffer • 250 g roher Bauchspeck (»Bacon Streifen«)

1 Das Mehl und den Grieß mischen und mit den Eiern verrühren. Die Sahne, die Milch und den geriebenen Käse dazugeben und gut verrühren. Mit wenig Jodsalz und Pfeffer würzen.

2 Quicheform ausfetten, klein geschnittenen Speck darauf verteilen. Dann die Eiermischung darüber geben und die Quiche im auf 200 °C vorgeheizten Backofen in etwa 25 Minuten goldbraun backen.

Spargelquiche mit Krabben

Zutaten für 4–6 Portionen (26-Zentimeter-Form)
500 g frischer Spargel (oder 2 Gläser) • 200 g Krabben
1 EL Zitronensaft • 1 EL frisch gehackte Petersilie • 1 EL Dillspitzen • Jodsalz, Pfeffer
Für den Guss: 4 Eier • 100 g Sahne • 100 g Schmand
Jodsalz, Pfeffer • 1 Blätterteigrolle (250 g)

Preis: ca. 10,00 DM

1 Den Spargel schälen, in etwa 4 Zentimeter lange Stücke schneiden und in kochendem Salzwasser etwa 1 Minute blanchieren. Eiskalt abschrecken und in einem Sieb abtropfen lassen.
2 Die Krabben gut abtropfen lassen und klein schneiden. Zusammen mit den Spargelstücken in eine Schüssel geben. Mit Zitronensaft, Kräutern, Jodsalz und Pfeffer herzhaft würzen.
3 Für den Guss die Eier, die Sahne und den Schmand miteinander verquirlen, mit Jodsalz und Pfeffer würzen.
4 Den Blätterteig in einer gefetteten Form auslegen, den Teig auch am Rand hochziehen und mit einer Gabel mehrmals einstechen. Die Spargelstücke und Krabben darauf verteilen. Den Guss darüber geben.
5 Im vorgeheizten Backofen bei einer Temperatur von 180 °C auf der zweiten Schiene von unten etwa 45 Minuten backen. Vor dem Anschneiden noch etwa 10 Minuten ruhen lassen.

Durch seine harntreibende Wirkung trägt Spargel zur Ausschwemmung von Stoffwechselschlacken und zur Entwässerung des Körpers bei.

Pikante Kartoffeltorte

Preis:
ca. 3,50 DM

Zutaten für 4 Portionen (26-Zentimeter-Form)
750 g Kartoffeln • Jodsalz, Pfeffer • 60 g Butter
200 g Blauschimmelkäse

Es mag zwar etwas trivial klingen, aber Tomatenketchup passt ziemlich gut zur pikanten Kartoffeltorte und ist bei den meisten Gästen, vor allem bei den kleinen, beliebt.

1 Die Kartoffeln mit der Schale gar kochen. Kurz abkühlen lassen, pellen und zu Brei zerstampfen. Mit Jodsalz und Pfeffer würzen.

2 Eine feuerfeste Form mit Butter ausfetten und die Hälfte der Kartoffelmasse hineingeben. Die Oberfläche mit einem Messer glatt streichen.

3 Den Blauschimmelkäse in Scheiben schneiden und auf den Kartoffeln verteilen. Dann den restlichen Kartoffelbrei darauf verteilen.

4 Kleine Butterflöckchen auf die Kartoffeltorte geben und im Backofen bei einer Temperatur von ca. 130 °C etwa 15 Minuten backen.

Schinken-Blätterteig-Pasteten

Preis:
ca. 10,50 DM

Zutaten für 5–6 Portionen (Backblech)
2 Blätterteigrollen (à 250 g) • 200 g geräucherter Bauernschinken • 2 mittelgroße Äpfel • 4 große Tomaten
200 g Gouda • Jodsalz, Pfeffer • klein geschnittener Schnittlauch • 1 Eigelb • Kümmel

1 Die eine Blätterteigrolle auf die Größe des Backblechs ausrollen und auf das gefettete Backblech legen. Mehrmals mit einer Gabel einstechen und mit Schinkenscheiben belegen.

2 Die Äpfel schälen, vom Kerngehäuse befreien und in kleine Würfel schneiden. Die Tomaten mit kochendem Wasser überbrühen, kalt abschrecken und abziehen. Das Fruchtfleisch in Scheiben schneiden. Den Gouda klein würfeln.

3 Die Apfel- und Goudawürfel auf dem Schinken verteilen, dann mit Tomatenscheiben belegen. Mit Jodsalz und Pfeffer würzen und mit Schnittlauch bestreuen.

4 Den restlichen Blätterteig ausrollen, darüber legen, mit verquirltem Eigelb bestreichen und mit Kümmel bestreuen.

5 Im vorgeheizten Backofen bei einer Temperatur von 200 °C etwa 30 Minuten backen.

Gesundheitsbewusste lassen die Schalen an Äpfeln und Tomaten. Wertvolle Vitamine und sekundäre Pflanzenstoffe befinden sich gehäuft in den Randschichten.

Kartoffel-Lachs-Gratin

Zutaten für 4 Portionen

750 g Kartoffeln • 200 g Räucherlachs • Olivenöl zum Ausfetten der Form • 100 g Schmand • 200 g Sahne • Jodsalz, Pfeffer • 1/2 Bund Dill

Preis: ca. 6,00 DM

1 Die Kartoffeln schälen und auf einer Rohkostreibe in sehr dünne Scheiben hobeln. Den Lachs in Streifen schneiden.

2 Eine Gratinform ausfetten und die Kartoffelscheiben und die Lachsstreifen abwechselnd hineinschichten.

3 Schmand und Sahne miteinander verrühren, mit Jodsalz, Pfeffer und gehackten Dill abschmecken.

4 Über die Kartoffeln und den Lachs gießen und das Gratin im vorgeheizten Backofen bei 200 °C etwa 40 Minuten backen.

TIPP Sie können das Gratin auch variieren, indem Sie zwischen die Kartoffeln und den Räucherlachs Zucchinischeiben oder Lauchringe schichten.

Spargelauflauf mit Schinken

Preis: ca. 8,50 DM

Zutaten für 4 Portionen

1 kg Spargel (oder 4 Gläser Spargel à 250 g) • 100 g Schwarzwälder Schinken (in Scheiben) • 4 Eier • 50 g Mehl 200 g Sahne • 80 g Butter • 75 g geriebener Emmentaler 1 EL klare Brühe (Instant) • 1 EL Zitronensaft • Jodsalz, Pfeffer

Wer seinen Salzkonsum aus gesundheitlichen Gründen (z. B. bei Nierenerkrankungen) einschränken muss, sollte statt Schwarzwälder Schinken gekochten Schinken verwenden.

1 Den Spargel schälen und in etwa 4 Zentimeter lange Stücke schneiden. In kochendem Salzwasser kurz blanchieren, gut abtropfen lassen. Den Schinken in Streifen schneiden.

2 Die Eier mit Mehl, Sahne, geschmolzener Butter und der Hälfte des geriebenen Käses verrühren. Mit Gemüsebrühe, Zitronensaft, Jodsalz und Pfeffer abschmecken.

3 Spargelstücke und Schinken locker in eine gefettete Auflaufform schichten. Die Eiersahne darüber gießen und mit dem restlichen Käse bestreuen. Im vorgeheizten Backofen bei 200° C in etwa 30 Minuten goldbraun backen.

Spanische Tortilla

Preis: ca. 3,00 DM

Zutaten für 4 Portionen

500 g Kartoffeln • 50 g durchwachsener Speck • 1 TL Öl Jodsalz, Pfeffer • 1 Zwiebel • 2 Knoblauchzehen 1 Glas Erbsen • fein gehackte Petersilie • 7 Eier • 1/8 l Milch 1 TL Butter oder Margarine

1 Die Kartoffeln schälen und in 1/2 Zentimeter dicke Scheiben schneiden. Den Speck würfeln und mit dem Öl in einer großen Pfanne anbraten.

2 Die Kartoffelscheiben zugeben und 10 Minuten

braten. Mit Jodsalz und Pfeffer würzen.

3 Zwiebel abziehen und in Ringe schneiden. Knoblauch abziehen und durch die Presse drücken. Kartoffeln, Speck, Zwiebelringe, abgetropfte Erbsen, Petersilie und Knoblauch mischen.

4 Eier und Milch verquirlen, salzen und pfeffern. Eine große Auflaufform fetten und die Kartoffel-Gemüse-Mischung darin verteilen. Die Eiermilch darüber gießen und im vorgeheizten Backofen bei 175° C 30 bis 40 Minuten stocken lassen.

Gemüsegratin mit Schafskäse

Zutaten für 4–6 Portionen

3 Möhren • 400 g fest kochende Kartoffeln • 1 Brokkoli
1 rote Paprikaschote • 250 ml klare Brühe • 1 Knoblauchzehe
200 g Schafskäse • 200 g Sahne • 4 Eier • Jodsalz, Pfeffer
Muskatnuss

Preis: ca. 5,00 DM

1 Möhren und Kartoffeln schälen und in Scheiben hobeln. Brokkoli putzen, waschen und in Röschen zerteilen. Paprikaschote putzen, waschen und in Streifen schneiden. Das Gemüse in einen Topf mit kochender Gemüsebrühe geben und bei geschlossenem Deckel etwa 5 Minuten kochen.

2 Die Knoblauchzehe abziehen und zerdrücken. Den Schafskäse würfeln, mit der Sahne und den Eiern verrühren. Mit dem Knoblauch und den Gewürzen abschmecken.

3 Eine Auflaufform ausfetten. Das Gemüse in der Form verteilen. Die Eiermilch mit dem Schafskäse darüber gießen und das Gratin im vorgeheizten Backofen bei 200° C in etwa 45 Minuten goldbraun backen.

Schon seit tausenden von Jahren wird die Knoblauchknolle als entzündungshemmendes und den Alterungsprozess bremsendes Arzneimittel gebraucht.

Viva Italia

Nicht umsonst ist die italienische Küche so beliebt: Von den Vorspeisen bis zum Dessert ist die Freude der Italiener an gutem Essen sprichwörtlich. Sie verwandeln alles, was Boden und Meer zu bieten haben, mit viel Phantasie und Liebe in köstliche Gerichte. Ein italienischer Abend mit Vorspeise, Hauptgericht und Dessert wird auch bei Ihren Gästen gut ankommen.

Urlaubsstimmung für zu Hause

Fast alle Gerichte lassen sich gut vorbereiten, und die warmen Speisen können bei Ankunft der Gäste in den Ofen geschoben werden. So bleibt Zeit für die Begrüßung mit einem kleinen Aperitif, z. B. einem Glas Prosecco. Zum Essen gehört je nach Geschmack Rot- oder Weißwein, z. B. ein Chianti oder Soave. Neben dem Weinglas sollte immer auch ein Glas für Mineralwasser stehen. In Scheiben geschnittenes Ciabatta darf auf einer italienischen Tafel ebenfalls nicht fehlen. Ein Cappuccino oder Espresso mit einem Gläschen Grappa oder Amaretto schließen das Menü stilecht ab.

Decken Sie auch den Tisch italienisch ein: Wählen Sie ein einfaches weißes Geschirr, das sich gut mit den italienischen Farben rot und grün kombinieren lässt. Schmücken Sie den Tisch, indem Sie rotes und grünes Krepppapier auf der Rolle kaufen und der Länge nach auf eine weiße Tischdecke legen. Basteln Sie aus Tonpapier die italienische Flagge als Tischkärtchen, und schreiben Sie auf die weiße Fläche die Namen Ihrer Gäste. Achten Sie auch bei der Auswahl der Servietten und Kerzen auf die Farben Rot, Weiß und Grün.

Die italienischen Weine, noch vor 20 Jahren als billige Massenware verrufen, sind mittlerweile durchweg von guter bis sehr guter Qualität. Leider sind auch die Preise entsprechend gestiegen.

Panzarotti nennen sich diese Teigtaschen mit raffiniertem Innenleben.

Honigmelone mit Lachsschinken

Preis:
ca. 3,50 DM

Zutaten für 4 Personen
1 Honigmelone • 150 g Lachsschinken

1 Die Melone halbieren, dann entkernen und in Spalten schneiden.

2 Den Lachsschinken gleichmäßig über die Melonenspalten verteilen.

Risotto mit Lauch

Preis:
ca. 4,50 DM

Zutaten für 4 Personen
1 Zwiebel • 50 g gekochten Schinken • 80 g Butter • 3 Stangen Lauch • 400 g Reis • Jodsalz, Pfeffer • 50 ml Weißwein ca. 1 l heiße Fleischbrühe • 1 EL fein gehackte Petersilie 50 g geriebener Parmesankäse oder Emmentaler

Die zur Gattung der Gräser gehörende Art Oryza sativa ist die alte Kulturform der Reispflanze. Reis wird hauptsächlich in Asien, den USA und im südlichen Europa angebaut.

1 Die Zwiebel abziehen und fein hacken. Den gekochten Schinken ebenfalls klein schneiden. Die Hälfte der Butter in einer Pfanne erhitzen, die Zwiebel- und Schinkenwürfel darin andünsten.

2 Den Lauch gründlich putzen, waschen und in feine Ringe schneiden. Zu der Zwiebel-Schinken-Mischung geben und leicht andünsten, aber auf keinen Fall braun werden lassen.

3 Den Reis hinzufügen, umrühren und glasig werden lassen. Mit Jodsalz und Pfeffer würzen. Den Weißwein zugießen und einkochen lassen.

4 Nach und nach die heiße Fleischbrühe zugeben und den Reis darin fertig garen.

5 Zum Schluss die restliche Butter, die gehackte Petersilie und den geriebenen Parmesankäse unter den Risotto mischen. Sofort servieren.

Caprese (Tomatensalat mit Mozzarella)

Zutaten für 2–4 Personen
400 g Tomaten • 1 Päckchen Mozzarella (125 g) • frische Basilikumblätter • 1 EL Balsamico- oder Weinessig 1 Prise Zucker • Jodsalz, Pfeffer • 3 EL Olivenöl

Preis: ca. 2,50 DM

1 Die Tomaten waschen und in Scheiben schneiden, dabei den Stielansatz entfernen. Den Mozzarella ebenfalls in Scheiben schneiden.
2 Den Mozzarella auf zwei Teller verteilen, mit den Tomatenscheiben belegen und mit gewaschenen Basilikumblättern garnieren.
3 Den Essig mit Zucker, Jodsalz und Pfeffer verrühren, das Olivenöl tropfenweise mit dem Schneebesen unterschlagen.
4 Die Vinaigrette über die Tomatenscheiben träufeln und servieren.

Mozzarella hat eine weiche cremige faserige Konsistenz. Er wird zu den Frischkäsesorten gezählt, obwohl seine Herstellung eine völlig andere ist.

Frittierte Mozzarellawürfel

Zutaten für 10 Stück
2 Päckchen Mozzarella (à 125 g) • 1 Ei • Semmelbrösel Jodsalz, Pfeffer • Öl zum Frittieren

Preis: ca. 4,00 DM

1 Den Mozzarella abtropfen lassen und in etwa 10 gleich große Würfel schneiden.
2 Das Ei in einem tiefen Teller verquirlen. Auf einem zweiten Teller Semmelbrösel mit Jodsalz und Pfeffer mischen.
3 Die Mozzarellawürfel erst im Ei, dann in den Semmelbröseln wälzen. In einem Topf reichlich Öl zum Sieden bringen und den Käse darin frittieren.
4 Auf Küchenpapier gut abtropfen lassen und auf Zahnstocher spießen.

Frittierte Zwiebelringe

Preis: ca. 2,00 DM

Zutaten für 4–6 Portionen
3 große Zwiebeln • 2 Eier • Jodsalz • Mehl • Semmelbrösel Olivenöl oder Butterschmalz zum Ausbacken

1 Die Zwiebeln abziehen, in nicht zu dünne Scheiben schneiden und in Ringe teilen.
2 Die Eier in einem tiefen Teller mit etwas Jodsalz verquirlen.
3 Die Zwiebelringe zuerst in Mehl, dann in Ei und zum Schluss in Semmelbröseln wenden.
4 In heißem Öl ausbacken und auf Küchenpapier gut abtropfen lassen.

Lasagne

Preis: ca. 9,50 DM

Anstelle des Fleischragouts können Sie auch dünn geschnittene Fischfilets oder Räucherlachsscheiben einschichten. Die Béchamelsauce dafür mit Zitronensaft abschmecken.

Zutaten für 6 Portionen
Für das Fleischragout: 40 g durchwachsener Bauchspeck 1 EL Butter oder Margarine • 1 Zwiebel • 1 Knoblauchzehe 500 g Hackfleisch halb und halb (tiefgekühlt) • 1 Dose geschälte Tomaten • Jodsalz, Pfeffer • 1 Prise Zucker • Oregano
Für die Béchamelsauce: 75 g Butter oder Margarine 75 g Mehl • 3/4 l Milch • Jodsalz • Muskatnuss
250 g Lasagneblätter • 100 g geriebener Parmesankäse oder Emmentaler

1 Für das Fleischragout den Bauchspeck fein würfeln und in der heißen Butter oder Margarine auslassen. Zwiebel und Knoblauchzehe abziehen, in feine Würfel schneiden, zum Speck geben und glasig dünsten.
2 Das aufgetaute Hackfleisch zugeben und unter Rühren krümelig anbraten. Die Tomaten mit der Flüssigkeit zugeben, mit

Jodsalz, Pfeffer, Zucker und Oregano würzen. Im geschlossenen Topf bei niedriger Hitze etwa 20 Minuten garen.

3 Für die Béchamelsauce die Butter oder Margarine zerlassen und das Mehl unter ständigem Rühren darin anbräunen. Nach und nach mit der Milch aufgießen, gut verrühren. Bei kleiner Hitze etwa 10 Minuten kochen, dabei ab und zu umrühren. Mit Jodsalz und Muskatnuss abschmecken.

4 Den Boden einer rechteckigen ofenfesten Auflaufform mit etwas Béchamelsauce bedecken und mit Lasagneblättern auslegen. Abwechselnd Fleischragout und Béchamelsauce und wieder Lasagneblätter einschichten. Die obersten Lasagneblätter dünn mit Béchamelsauce bestreichen und mit dem geriebenen Käse bestreuen.

5 Im vorgeheizten Backofen bei 200 °C etwa 30 Minuten backen.

Die Oreganopflanze ist ein kleiner duftender Strauch, der bis zu 60 Zentimeter groß wird. Er stammt aus dem nördlichen Europa und wird auch wilder Majoran genannt.

Es muss nicht immer Kaviar sein: Auch aus der guten alten Zwiebel lassen sich ansprechende Snacks zaubern.

Knoblauchgarnelen

Preis: ca. 9,00 DM

Zutaten für 4–6 Portionen

250 g Riesengarnelen (tiefgekühlt) • 2 Knoblauchzehen 6 EL Olivenöl • Chilipulver • Petersilie • 1 Zitrone

1 Die Riesengarnelen auftauen. Den Knoblauch abziehen und in feine Scheiben schneiden. Öl in einer Pfanne erhitzen und den Knoblauch kurz darin dünsten.

2 Dann die aufgetauten und trockengetupften Garnelen dazugeben und unter Wenden etwa 3 Minuten braten. Die fein gehackte Petersilie unterrühren und mit Chilipulver würzen.

3 Die Garnelen noch heiß servieren. Zitronenschnitze dazu reichen.

Panzarotti

Preis: ca. 8,00 DM

Zutaten für ca. 25 Stück

Für den Teig: 300 g Mehl • Jodsalz • 2 EL Olivenöl

Für die Füllung: 100 g Schafskäse • 1 Päckchen Mozzarella (125 g) • 100 g gekochter Schinken • 50 g Salami 1 Bund Petersilie • 2 Eier • 50 g geriebener Parmesankäse oder Emmentaler • Jodsalz, Pfeffer • Öl zum Ausbacken

Panzarotti kann man im Kühlschrank einige Tage, in der Tiefkühltruhe etwa drei Monate aufbewahren.

1 Aus Mehl, Salz, Öl und 150 Milliliter Wasser einen nicht zu dünnen Teig zubereiten. Gut durchkneten und mit einem Tuch bedeckt etwa 1 Stunde an einem warmen Ort ruhen lassen.

2 Den Schafskäse mit einer Gabel zerdrücken. Mozzarella, Schinken und Salami in kleine Würfel schneiden. Die Petersilie waschen und fein hacken.

3 Mozzarella, Schinken, Salami, Petersilie, Eier

und Parmesankäse unter den Schafskäse mischen. Die Füllung mit Jodsalz und Pfeffer abschmecken.

4 Den Teig sehr dünn auf der bemehlten Arbeitsfläche ausrollen. Mit Hilfe eines Glases aus dem Teig Kreise ausstechen und auf jede Teigscheibe ein kleines Häufchen Füllung setzen. Halbmonde falten, die Teigränder gut zusammendrücken.

5 Die Teigtäschchen in einem Topf mit reichlich heißem Öl goldgelb ausbacken. Sofort servieren.

Kräuterfladen mit Mozzarella

Zutaten für 8 Stück

1 Blätterteigrolle (250 g) • je 1 TL Rosmarin, Oregano und Thymian • 8 EL Olivenöl • 1 Päckchen Mozzarella (125 g) 200 g Tomaten • 1 Zucchini • Jodsalz

Preis: ca. 5,00 DM

1 Den Blätterteig ausrollen und in 8 gleich große Stücke schneiden. Mit einer Gabel mehrmals einstechen. Auf ein mit Backpapier ausgelegtes Backblech legen.

2 Die Kräuter mit dem Öl verrühren. Den Mozzarella in Würfel schneiden.

3 Die Tomaten und die Zucchini waschen und in dünne Scheiben schneiden. Gleichmäßig auf den Blätterteigstücken verteilen, mit dem Kräuteröl beträufeln und leicht salzen.

4 Mit den Mozzarellawürfeln bestreuen und im vorgeheizten Backofen bei einer Temperatur von 200 °C 10 bis 15 Minuten backen.

Tipp Die Kräuterfladen können Sie auch mit gekochtem Schinken, Salami und Thunfisch oder mit anderen Gemüsesorten variieren.

Der Name des Thymiankrauts stammt von dem griechischen Wort »thumos« ab, welches Duft bedeutet. Seit der Antike wird Thymian auch wegen seiner Heilkräfte geschätzt.

Ravioli mit Lachsfüllung

Preis:
ca. 9,00 DM

Zutaten für ca. 30 Stück
Für den Nudelteig: 200 g Mehl • 2 Eier • 1–2 EL Olivenöl
Jodsalz • 1 Eigelb und 2 EL Milch zum Bestreichen
Für die Füllung: 200 g Sahne • 250 g Lachsfilet (tiefgekühlt)
Jodsalz, Pfeffer • Dill • 100 g Krabben

Dill wird als Heilpflanze schon in der Bibel und in alten ägyptischen Schriften erwähnt. Er ist harntreibend, verdauungsfördernd, löst Blähungen und Bauchkrämpfe und wirkt belebend.

1 Die Zutaten für den Nudelteig in eine Schüssel geben und gut verkneten, bis ein geschmeidiger Teig entstanden ist. Noch weitere 10 Minuten kneten, anschließend mit einer heiß ausgespülten Schüssel bedecken und noch etwa 30 Minuten ruhen lassen.

2 Für die Füllung die gut gekühlte Sahne steif schlagen und kalt stellen. Das aufgetaute Lachsfilet mit Küchenpapier trockentupfen und in kleine Würfel schneiden. Mit Jodsalz, Pfeffer und Dill kräftig würzen, anschließend im Mixer fein pürieren. Die geschlagene Sahne nach und nach unter die Lachscreme heben. Die Krabben gut abtropfen lassen.

3 Den Teig in zwei etwa gleich große Stücke teilen und jedes Teigstück auf einer gut bemehlten Fläche dünn ausrollen (30 mal 25 Zentimeter). Den Teig mit einem Teigrädchen in etwa 60 gleich große Quadrate (5 mal 5 Zentimeter) schneiden. Auf die Hälfte der Quadrate je 1 Esslöffel Lachsfüllung geben und jeweils 1 bis 2 Krabben darauf setzen.

4 Eigelb und Milch verquirlen und die Teigränder damit bestreichen. Die restlichen Teigstücke darüber legen und an den Rändern gut zusammendrücken. Die Ravioli in reichlich kochendes Salzwasser geben und 15 bis 20 Minuten sieden lassen. (Bei der großen Menge empfiehlt es sich, die Ravioli in mehreren Töpfen zu garen oder nacheinander zuzubereiten.)

5 Mit geschmolzener Butter und Parmesankäse oder geriebenem Emmentaler servieren.

TIPP Der Ravioliteig lässt sich am besten mit einer speziellen Nudelmaschine ausrollen. Wenn Sie mit einem Nudelholz arbeiten, empfiehlt es sich, mehrere kleine Teigstücke auszurollen.

VARIANTE Sie können die Ravioli auch mit aufgetautem Rahmspinat und klein geschnittenem Schafskäse füllen.

Tramezzini mit Räucherforelle

Zutaten für 10–12 Stück

1 kleine Zwiebel • 1 kleine Stange Lauch • 1/2 kleine Möhre
1/4 Salatgurke • 2 EL gehackte Petersilie • 100 g Mayonnaise
1 EL Schmand • Jodsalz, Pfeffer • 1 TL Zitronensaft
200 g geräuchertes Forellenfilet • 10–12 Scheiben Toastbrot

Preis:
ca. 5,50 DM

1 Die Zwiebel abziehen und fein würfeln. Den Lauch waschen, in feine Ringe schneiden. Die Möhre schälen und fein raspeln. Gurke schälen, halbieren, von Kernen befreien und fein hacken.

2 Die Petersilie mit Mayonnaise und Schmand vermischen und mit Jodsalz, Pfeffer und Zitronensaft abschmecken.

3 Das Forellenfilet mit einer Gabel in kleine Stücke zerteilen.

4 Die Hälfte der getoasteten Brotscheiben mit der Gemüsemischung bestreichen und mit den Forellenstücken belegen.

5 Die restlichen Brotscheiben darauf geben und leicht andrücken. Diagonal durchschneiden und servieren.

Forellen sind in kalten Gewässern von Flüssen und Seen zu Hause. Einige leben auch im Meer, kehren jedoch zum Laichen immer in süßwasserhaltige Gewässer zurück.

Peperoni marinata

Preis: ca. 1,00 DM

Die berühmtesten Balsamicosorten stammen aus Modena und reifen bis zu 40 Jahre in Fässern aus verschiedenartigen Hölzern.

Zutaten für 4 Portionen

je 1 rote und gelbe Paprikaschote • 7 EL Olivenöl
2 TL Balsamicoessig • Jodsalz, Pfeffer

1 Die Paprikaschoten waschen, von den Kernen befreien und in breite Streifen schneiden.

2 3 Esslöffel Öl in einer Pfanne erhitzen und die Paprikastreifen unter Rühren darin anbraten. Etwas abkühlen lassen und die Haut abziehen.

3 Anschließend mit Essig und dem restlichen Öl marinieren, mit Jodsalz und Pfeffer würzen. Mindestens 30 Minuten in der Marinade ziehen lassen.

Gnocchi mit Käsesauce

Preis: ca. 5,00 DM

Zutaten für 4 Personen

3/4 l Milch • 1 Messerspitze gemahlene Muskatnuss
Jodsalz, Pfeffer • 80 g Weizengrieß • 1 Ei • 150 g geriebener Emmentaler • 60 g Butter oder Margarine • 125 ml Sahne
1 Päckchen Mozzarella (125 g)

1 Milch, Muskatnuss, Jodsalz und Pfeffer in einen Topf geben und zum Kochen bringen. Die Temperatur reduzieren und langsam den Grieß einrühren. 5 bis 10 Minuten weiterkochen, gelegentlich umrühren, bis der Grieß sehr fest ist.

2 Den Topf vom Herd nehmen, das verquirlte Ei und die Hälfte des Emmentalers unterrühren, bis der Käse geschmolzen ist. Die Masse auf ein mit Backpapier ausgelegtes Backblech streichen und für 1 Stunde kalt stellen, bis sie fest geworden ist.

3 Den Backofen auf 180 °C vorheizen. Mit einem runden Ausstecher (Durchmesser ca. 3 Zentimeter) kleine Gnocchi aus dem Grießteig stechen und in eine gefettete flache Auflaufform legen.

4 Die zerlassene Butter darüber gießen, dann die Sahne. Den restlichen Emmentaler mit klein geschnittenem Mozzarella vermischen und über die Gnocchi verteilen. Mit Muskatnuss bestreuen und im vorgeheizten Backofen bei 180 °C etwa 25 Minuten backen, bis die Gnocchi goldgelb sind.

Tiramisu

Zutaten für 8 Personen

4 Eigelbe • 1 Päckchen Vanillezucker • 250 g Quark (40 %) 250 g Doppelrahmfrischkäse • 1 fertiger Biskuitboden oder 250 g Löffelbiskuits • 100 ml Amaretto • 100 ml kalter, sehr starker Kaffee oder Espresso • 2 EL Kakaopulver

Preis: ca. 6,50 DM

1 Eigelbe und Vanillezucker mit den Quirlen des Handrührgeräts schaumig schlagen. Den Quark und den Frischkäse unterziehen. Mit dem Schneebesen zu einer glatten Masse verrühren.

2 Eine Auflaufform mit der Hälfte des Tortenbodens oder mit Löffelbiskuits auslegen. Mit je 50 Milliliter Likör und Kaffee beträufeln.

3 Die Hälfte der Frischkäsecreme darauf streichen und mit dem restlichen Biskuit bedecken. Dann mit dem restlichen Likör und Kaffee beträufeln und mit der verbliebenen Menge an Creme bestreichen.

4 Einige Stunden oder über Nacht im Kühlschrank durchziehen lassen. Mit Kakao bestäuben und servieren.

Amaretto ist ein italienischer Mandellikör, dem zugesetzte Aromastoffe wie Aprikosenöl oder Bourbon-Vanille seine dezente bittere Süße verleihen. Die beste Sorte ist der Amaretto di Saronno Originale.

LA GIOIOSA
Prosecco

Nudelabenteuer

Pastaessen für mehrere Personen sind in »Spaghetteria«-Lokalen ein kulinarisches Highlight, denn selbst Geburtstagsfeiern oder andere festliche Anlässe finden heute nicht selten mit verschiedenen Nudeln und Saucen statt. Eine originelle Idee sind solche Spaghettifeten natürlich auch für zu Hause. Je mehr Gäste eingeladen sind, desto mehr Pastagerichte kann man auftischen.

Die Nudel an sich stammt eigentlich aus der asiatischen Küche und spielt dort seit mehr als 2000 Jahren eine wichtige Rolle. Sie wurde traditionell aus Buchweizen, aus Reis, aus Weizen oder sogar aus Mungbohnen hergestellt.

Variationen mit allerlei Saucen

Die meisten Saucen lassen sich problemlos vorbereiten und müssen dann nur kurz vor dem Servieren im Topf oder in der Mikrowelle aufgewärmt werden. Spaghetti sollten jedoch erst in den Topf, wenn die Gäste bereits da sind. Die Garzeit der Nudeln ist kurz, deshalb empfiehlt es sich, sie in mehreren Portionen zu kochen.
Pro Person müssen Sie mit etwa 125 Gramm Spaghetti rechnen. Die folgenden Saucenrezepte sind zwar für jeweils 4 Portionen berechnet, da es in Gesellschaft aber meistens besonders gut schmeckt, dürfen Sie die Portionen ruhig verdoppeln. Bereiten Sie also für 8 Personen 3 bis 4 verschiedene Saucen zu, und kochen Sie etwa 1 Kilogramm Spaghetti.
Spaghettikochen ist keine Kunst, wenn man weiß, wie es gemacht wird. Wählen Sie zunächst einen großen Topf aus. Pro 100 Gramm Spaghetti benötigen Sie etwa 1 Liter Wasser. Lassen Sie das Wasser aufkochen, und fügen dann pro Liter 1/2 Teelöffel Salz hinzu. Geben Sie die Spaghetti in das kochende Wasser, rühren Sie einmal um, und garen Sie sie bei geöffnetem Deckel in spru-

Laden Sie doch einfach mal zur Spaghettiparty ein: Die Variationsmöglichkeiten sind unendlich und der Arbeitsaufwand ist nicht groß.

delndem Wasser fertig. Spaghetti schmecken am besten, wenn sie noch bissfest sind – al dente, wie die Italiener sagen. Probieren Sie die Nudeln kurz vor Ende der Garzeit. Wenn sie außen weich, in der Mitte aber noch kernig sind, sind sie genau richtig. Stoppen Sie dann den Garvorgang, indem Sie 1 Glas kaltes Wasser in den Topf schütten, und gießen Sie das Nudelwasser durch ein Sieb ab. Die Spaghetti nicht mit kaltem Wasser abschrecken – das lässt sie klebrig werden! Geben Sie die Spaghetti in eine Schüssel, und servieren Sie sie noch heiß. So schmecken die »Schnürchen« am besten!

Italienische Pastaspezialisten empfehlen, auf den Schuss Öl im Nudelwasser zu verzichten: Dadurch wird die leicht aufgeraute Oberfläche der Nudeln geglättet und lässt die Sauce nicht haften.

Nudeln sind nicht gleich Nudeln

Spaghetti, wie die Italiener sie essen, werden nur aus Hartweizengrieß und Wasser hergestellt. Sie benötigen eine längere Garzeit, behalten dafür aber länger ihren Biss. Hartweizen hat den Vorteil, dass die Nudeln beim Kochen nicht zusammenkleben. Bei uns gibt es aber auch Spaghetti, die mit Eiern (Frischei oder Eipulver) hergestellt werden. Bei ALDI können Sie sowohl die italienische als auch die deutsche Variante kaufen. Welche Sie wählen, ist Geschmacksache. Natürlich können Sie die vielen Saucen auch mit verschiedenen Nudelsorten servieren.

Spaghetti selbst gemacht

Wer seinen Gästen etwas Besonderes bieten will, kann Spaghetti auch selbst herstellen. Allerdings brauchen Sie hierzu eine Nudelmaschine, die den fertigen Teig zu Spaghetti formt.

Für 4 Portionen benötigen Sie 300 Gramm Weizenmehl und 3 Eier. Sieben Sie das Mehl auf eine Arbeitsplatte, und formen Sie in die Mitte eine Mulde. Schlagen Sie die Eier nacheinander in diese Vertiefung hinein und vermischen Sie sie mit dem Mehl. Der Teig sollte mindestens 15 Minuten mit der Hand geknetet werden, bis er geschmeidig und elastisch ist. Wer mag, kann ihn mit klein gehackten frischen Kräutern oder Roter Bete färben. Lassen Sie ihn anschließend 30 Minuten ruhen, und drehen Sie den Teig dann portionsweise durch die Nudelmaschine. Formen Sie den Teig zunächst zu Platten, und drehen Sie ihn so oft durch die Walze, bis er die Dicke von Spaghetti erreicht hat. Zum Schluss mit der Maschine in schmale Streifen schneiden. Auf einer bemehlten Fläche die Spaghetti nochmals 30 Minuten trocknen lassen und dann in reichlich sprudelndem Salzwasser bissfest garen. Die Garzeit beträgt bei frischen Teigwaren nur wenige Minuten.

Chianti ist eigentlich der Name einer südöstlich von Florenz gelegenen toskanischen Hügellandschaft. Der Name »Chianti« steht heute für den weitaus bekanntesten italienischen Rotwein, der aus der südlichen Toskana stammt und zu 85 Prozent aus der Sangiovese-Traube gekeltert wird.

Tipps rund um die Pasta

- Als Aperitif für das »Spaghettiabenteuer« bietet sich ein Glas Prosecco an, das Sie nach Belieben auch mit etwas pürierten Obst verfeinern können (siehe Rezept auf Seite 120).
- Zu den Spaghettigerichten sollte frisch geriebener Parmesankäse serviert werden.
- Reichen Sie als Beilage italienische Ciabatta oder Baguette in Scheiben.
- Zu jedem Nudelessen gehört grüner Salat (Kopfsalat, Feldsalat oder Eisbergsalat), den man am besten mit Balsamicoessig und Olivenöl anmacht und mit Jodsalz, Pfeffer und einer Prise Zucker würzt.
- Zu Spaghetti schmeckt ein spritziger Weißwein besonders gut, z. B. Soave. Wer lieber Rotwein trinkt, liegt mit einem Glas Chianti nicht daneben.
- Als Digestif nach dem Essen bietet sich eine Tasse Cappuccino oder Espresso und dazu ein Gläschen Grappa oder Amaretto an.

Spaghetti mit Hühnerfleischsauce

Preis:
ca. 5,00 DM

Zutaten für 4 Personen

250 g Hühnerbrustfilets (tiefgekühlt) • 3 EL Olivenöl 100 g Schinken • 1 kleine Zwiebel • 2 EL Butter • 100 ml Weißwein • 100 g Sahne • Jodsalz, Pfeffer • Paprikapulver

Hühnerfleisch ist schmackhaft und dazu noch sehr gesund. Es hat wenig Fett, ist sehr eiweißreich, enthält viel Niazin, Vitamin B6, Phosphor, Zink und Kalium.

1 Die Hühnerbrustfilets nach Packungsanweisung mit dem Öl zubereiten. Anschließend die gebratenen Filets und den Schinken in gleich große Streifen schneiden.

2 Die Zwiebel abziehen und fein würfeln. In einem großen Schmortopf die Butter zerlassen und die Zwiebeln darin glasig dünsten. Den Schinken hinzufügen und bei hoher Temperatur unter mehrfachem Wenden kräftig anbraten. Danach die Hühnerbruststreifen hinzufügen.

3 Den Wein zugießen und bei geringer Hitze einkochen lassen. Die Sahne dazugeben und die Sauce mit Jodsalz, Pfeffer und Paprikapulver abschmecken. Noch etwa 10 Minuten bei niedriger Hitze kochen lassen.

Spaghetti alla carbonara

Preis:
ca. 5,00 DM

Zutaten für 4 Personen

500 g Spaghetti • 2 EL Olivenöl • 1 Zwiebel • 150 g gekochter Bauchspeck • 4 Eier • 300 g Sahne • 100 g geriebener Emmentaler • Jodsalz, Pfeffer • Petersilie

1 Die Spaghetti in reichlich Salzwasser bissfest kochen und in einem Sieb abtropfen lassen.

2 Für die Sauce das Öl in einer großen Pfanne erhitzen, dann die fein gewürfelte Zwiebel dazugeben und goldbraun dünsten. Herausnehmen und beiseite stellen.

3 Den in Würfel geschnittenen Bauchspeck in die Pfanne geben und knusprig braten. Die gedünsteten Zwiebeln wieder dazugeben, dann die abgetropften Spaghetti in die Pfanne geben und unter Rühren gut erhitzen.

4 In der Zwischenzeit die Eier mit der Sahne, dem geriebenen Käse, den Gewürzen und Kräutern gut verquirlen.

5 Diese Masse über die warmen Spaghetti gießen und unterheben. So lange rühren, bis die Eier leicht angestockt sind. Dann sofort herausnehmen und servieren.

Bei diesem Gericht werden die Eier nicht vollständig durcherhitzt. Verwenden Sie deshalb für Spaghetti alla carbonara frische Eier.

TIPP Dieses Gericht muss mit den Spaghetti vermischt serviert werden. Am besten in einer großen Pfanne mit Deckel auf den Tisch stellen.

Spaghetti mit Käse-Nuss-Sauce

Zutaten für 4 Personen

1 kleine Zwiebel • 2 EL Butter • 150 ml Milch • 1 EL klare Brühe
150 g Blauschimmelkäse • 100 g Gouda • 200 g Frischkäse
Jodsalz, Pfeffer • Zitronensaft • 2 EL gehackte Mandeln

Preis:
ca. 5,00 DM

1 Die Zwiebel abziehen, fein würfeln und in der zerlassenen Butter glasig dünsten. Mit der Milch und der Brühe aufgießen und bei geringer Hitze etwas einkochen lassen.

2 Dann den klein geschnittenen Blauschimmelkäse, den Gouda und den Frischkäse hinzufügen, bei geringer Hitze schmelzen lassen.

3 Die Sauce mit Jodsalz, Pfeffer und Zitronensaft abschmecken und die gehackten Mandeln untermischen.

Spaghetti mit Champignon-Sahne-Sauce

Preis: ca. 6,50 DM

Zutaten für 4 Personen

400 g Champignons • 1 Zwiebel • 2 Knoblauchzehen
1 Bund Petersilie • 50 g Butter • 1/8 l trockener Weißwein
200 g Sahne • Jodsalz, Pfeffer • 1 TL Zitronensaft

Pilze bilden eine Sonderform im Reich der Pflanzen, denn sie besitzen keine Blätter, keine Blüten und keine Wurzeln. Auch der grüne Pflanzenfarbstoff Chlorophyll fehlt ihnen.

1 Die Champignons putzen und in feinblättrige Scheiben schneiden. Zwiebel und Knoblauchzehen abziehen und fein würfeln. Die Petersilie waschen, trockentupfen und fein hacken.

2 Die Butter erhitzen und die Zwiebel- und Knoblauchwürfel darin andünsten. Die Champignons hinzufügen und so lange dünsten, bis die Flüssigkeit verdampft ist.

3 Die Champignons mit Weißwein ablöschen, bei niedriger Hitze kurz garen und mit der Sahne aufgießen. Die Sauce etwas einkochen lassen. Zum Schluss mit Jodsalz, Pfeffer und Zitronensaft abschmecken.

Spaghetti al salmone

Preis: ca. 7,00 DM

Zutaten für 4 Personen

250 g Lachsfilet (tiefgekühlt) • 1 Stange Lauch • 1 EL Olivenöl
400 g Sahne • Saft und abgeriebene Schale von 1 Zitrone
Jodsalz, Pfeffer aus der Mühle • 1 Bund Dill

1 Das Lachsfilet im Kühlschrank auftauen lassen. Den Lauch putzen, waschen und in feine Ringe schneiden.

2 Das Öl in einem Topf erhitzen und den Lauch darin glasig dünsten.

3 Die Sahne und die Zitronenschale dazugeben

und mit Pfeffer würzen. Das Ganze bei starker Hitze offen auf die Hälfte einkochen lassen.

4 Das aufgetaute Lachsfilet in feine Streifen schneiden und in die Sauce einrühren. 5 bis 7 Minuten bei niedriger Hitze ziehen lassen.

5 Mit Jodsalz, Pfeffer und Zitronensaft würzen und mit frischem gehacktem Dill bestreuen.

Spaghetti bolognese

Zutaten für 4 Personen

500 g Hackfleisch halb und halb (tiefgekühlt) • 600 g Tomaten • 1 Zwiebel • 2 Knoblauchzehen • 1 kleine Möhre 4 EL Olivenöl • 1 EL Tomatenmark • 5 EL trockener Rotwein 1/8 l Fleischbrühe • Jodsalz, Pfeffer • Oregano • Majoran Basilikum

Preis: ca. 5,00 DM

1 Das Hackfleisch im Kühlschrank auftauen lassen. Die Tomaten kreuzweise einschneiden, mit kochendem Wasser überbrühen, kalt abschrecken, abziehen und klein schneiden. Zwiebel und Knoblauchzehen abziehen und fein würfeln. Die Möhre schälen und in kleine Würfel schneiden.

2 Das Olivenöl erhitzen, die Möhren-, Zwiebel- und Knoblauchwürfel unter häufigem Rühren darin anschwitzen. Das Hackfleisch hinzufügen und krümelig anbraten. Dann das Tomatenmark dazugeben und alles gut durchgaren.

3 Hackfleischmischung mit dem Rotwein ablöschen und mit der Fleischbrühe aufgießen. Die Tomatenstücke dazugeben und die Sauce mit den Gewürzen und Kräutern abschmecken. Bei niedriger Hitze noch etwa 20 Minuten kochen lassen.

Es gibt wohl kein Spaghettigericht, das bekannter ist als Spaghetti bolognese. Es stammt aus der Hauptstadt der norditalienischen Region Emilia-Romagna und der Provinz Bologna.

Spaghetti mit Thunfischsauce

Preis: ca. 6,00 DM

Zutaten für 4 Portionen

1 Zwiebel • 2 Knoblauchzehen • 2 Dosen Thunfisch im eigenen Saft • 2 EL Olivenöl • 1/8 l trockener Weißwein 1/8 Liter Gemüsebrühe • 300 g Sahne • Jodsalz, Pfeffer Saft von 1/2 Zitrone • 1 EL Dillspitzen • 2 EL Schmand

Der Thunfisch galt schon im Altertum als Delikatesse, besonders eingelegt oder geräuchert, aber auch als Steak frisch gebraten.

1 Zwiebel und Knoblauchzehen abziehen und fein würfeln. Den Thunfisch in einem Sieb abtropfen lassen und mit einer Gabel zerpflücken.

2 Das Olivenöl in einem Topf erhitzen, Zwiebel- und Knoblauchwürfel darin andünsten. Mit Weißwein, Gemüsebrühe und Sahne ablöschen und einige Minuten bei niedriger Hitze kochen lassen.

3 Thunfisch dazugeben und die Mischung mit einem Stabmixer fein pürieren. Mit Jodsalz, Pfeffer und Zitronensaft würzen, kurze Zeit ziehen lassen.

4 Zum Schluss mit Dill bestreuen und mit einem großen Klecks Schmand servieren.

Spaghetti al limone: eine sommerlich fruchtige Variante des beliebten Nudelgerichts.

Spaghetti primavera

Zutaten für 4 Portionen
1 kleine Zwiebel • 200 g Champignons • 2 EL Butter oder Margarine • 150 g Erbsen • 200 g Sahne • 200 g gekochter Schinken • 50 g geriebener Emmentaler • Jodsalz, Pfeffer geriebene Muskatnuss

Preis: ca. 6,50 DM

1 Die Zwiebel abziehen und klein schneiden. Die Champignons putzen und in Scheiben schneiden. Die Zwiebel in heißer Butter oder Margarine andünsten, dann die Champignons zufügen und kurz anbraten. Erbsen dazugeben, alles mit Sahne ablöschen und etwa 10 Minuten kochen lassen.

2 Den Schinken in feine Streifen schneiden. Unter die Sauce rühren. Zum Schluss den Käse zugeben und so lange rühren, bis er sich aufgelöst hat. Mit Jodsalz, Pfeffer und Muskatnuss abschmecken.

Spaghetti al limone

Zutaten für 4 Portionen
1 kleine Zwiebel • 2 EL Butter • Schale von 1 unbehandelten Zitrone • 4 EL Sherry • 125 g Schmand • 2–3 EL Zitronensaft Jodsalz, Pfeffer • 2 EL Dillspitzen • 1 EL Zitronenmelisse 60 g geriebener Parmesankäse oder Emmentaler

Preis: ca. 2,50 DM

1 Die Zwiebel abziehen und fein hacken, in Butter andünsten. Zitronenschale, Sherry und Schmand unterrühren. Alles etwa 5 Minuten garen.

2 Mit Zitronensaft, Jodsalz und Pfeffer würzen. Zum Schluss den Dill und die Zitronenmelisse untermischen. Mit Käse bestreut servieren.

Die Zitronenmelisse wurde schon vor 2000 Jahren von den Römern kultiviert.

Spaghetti mit Spinat-Eier-Sauce

Preis: ca. 2,00 DM

Zutaten für 4 Personen

1 Packung Rahmspinat (tiefgekühlt) • 1 Becher Sahne • 2 Eier

1 Den Rahmspinat nach Packungsanweisung zubereiten. Die Sahne zugeben und alles gut verrühren.

2 Die Eier mittelhart kochen. Abschrecken und pellen. Mit dem Eierschneider oder einem Messer in kleine Stücke schneiden und vorsichtig unter die Spinatsauce geben. Heiß servieren.

Vermeiden Sie es, Spinat aufzuwärmen: Dabei wird das enthaltene Nitrat von Bakterien in den Giftstoff Nitrit umgewandelt.

Tipp Rahmspinat von ALDI ist bereits fertig gewürzt. Wer es noch etwas pikanter mag, kann die Sauce mit Muskatnuss oder zerdrücktem Knoblauch verfeinern. Da Spinat nicht aufgewärmt werden sollte, empfiehlt es sich, die Sauce erst kurz vor dem Servieren zu kochen.

Spaghetti mit Brokkoli-Sahne-Sauce

Preis: ca. 5,50 DM

Zutaten für 4 Personen

1 Brokkoli • 1 kleine Zwiebel • 200 g gekochter Schinken
2 EL Olivenöl • 400 g Sahne • 1 Schmelzkäseeck • 1 EL klare Brühe (Instant) • Jodsalz, Pfeffer • geriebene Muskatnuss
2 EL Mandelblättchen

1 Den Brokkoli waschen und in kleine Röschen zerteilen. Die Zwiebel abziehen und in kleine Würfel schneiden. Den Schinken in feine Streifen schneiden.

2 Das Olivenöl erhitzen und die Zwiebelwürfel darin glasig dünsten. Die Schinkenstreifen zufügen und leicht anbraten.

3 Dann die Brokkoliröschen dazugeben, kurz

andünsten und mit der Sahne ablöschen.
4 Den Schmelzkäse mit einer Gabel leicht zerdrücken und in die Sauce rühren. Mit Gemüsebrühe, Jodsalz, Pfeffer, und geriebener Muskatnuss abschmecken.
5 Die Sauce etwa 15 bis 20 Minuten bei mittlerer Hitze einkochen lassen. Zum Schluss die Mandelblättchen einrühren.

Spaghetti all'arrabiata

Zutaten für 4 Portionen.
500 g reife Tomaten (oder 400 g passierte Tomaten)
100 g durchwachsener Speck • 1 Zwiebel • 1 Knoblauchzehe • 10 Basilikumblätter • 2 EL Butter • 1 Prise Chilipulver
Jodsalz, Pfeffer

Preis:
ca. 2,50 DM

1 Die Tomaten kreuzweise einritzen, mit kochendem Wasser überbrühen, abschrecken, abziehen und die Stielansätze entfernen. Anschließend vierteln, entkernen, in grobe Würfel schneiden und durch ein Sieb streichen.
2 Den Speck in feine Streifen schneiden. Die Zwiebel und die Knoblauchzehe abziehen. Die Zwiebel fein würfeln, den Knoblauch in dünne Scheibchen schneiden.
3 Die Basilikumblätter waschen, trockentupfen und fein hacken.
4 Die Butter in einem Topf erhitzen. Den Speck und die Zwiebelwürfel zugeben und leicht anbraten. Die Knoblauchscheiben, das Tomatenpüree, den Chili und die gehackten Basilikumblättchen dazugeben.
5 Die Sauce mit Jodsalz und Pfeffer abschmecken, bei mittlerer Hitze etwa 15 Minuten einkochen lassen, bis sie sämig ist.

Tomaten enthalten wertvolle sekundäre Pflanzenstoffe, die neueren Untersuchungen zufolge eine Krebs hemmende Wirkung haben.

Grillparty

Wer liebt ihn nicht, den Duft von gegrilltem Fleisch, der in den Sommermonaten überall in der Luft hängt? Balkone werden zu Grillstationen, Rasen wird gemäht, um Platz zu machen für Tisch, Stühle und Grill. Was das Grillen im Freien so einzigartig macht, ist, dass in Gesellschaft gegessen wird.

Ein Hauch von Lagerfeuerromantik

Zum Grillen benötigt man nicht viel: einen Grill, einen Rost oder langen Spieß, etwas Grillkohle oder Briketts und Grillanzünder, z. B. Trockenanzünder. Verwenden Sie auf keinen Fall Spiritus oder hoch entzündliche Brennstoffe wie Terpentin oder Benzin zum Grillen. Ihr Einsatz ist dabei die häufigste Ursache von Unfällen. Außerdem nimmt das Grillgut den Geschmack dieser Brennstoffe an.

Die Grillkohle hat ihre optimale Temperatur erreicht, wenn alle Kohlen durchgeglüht und mit einer weißen Ascheschicht überzogen sind. Um der Rauchbildung durch abtropfendes Fett vorzubeugen, sollten Sie das Fleisch oder die Würstchen auf Alufolie bzw. in Aluschalen legen. Weniger aufwändig sind Elektrogrills, die sich gut regulieren lassen. Sie eignen sich sowohl für drinnen als auch fürs Freie und benötigen nur wenig Stauraum. Besonders schmackhaft bleibt das Fleisch in so genannten Kugelgrills, bei denen man das Grillgut abdecken kann. Darin lassen sich auch ganze Fleischstücke oder Braten problemlos zubereiten, und auch überbackenes Gemüse oder gratiniertes Fleisch lässt sich bequem zubereiten.

Beachten Sie bitte, dass Sie Ihren Grill nie alleine lassen, solange Sie ihn benutzen. Stellen Sie ihn möglichst nicht in die Nähe von brennbaren Gegenständen, und passen Sie auch bei Elektrogrills wegen der Brandgefahr gut auf.

Nutzen Sie die lauen Sommernächte: Unter Ihren Gästen finden sich sicher begeisterte Grillköche.

Grillen ist heute nicht mehr auf den Sommer beschränkt. Unsere nordischen Nachbarn grillen sogar im Herbst und Winter noch im Freien, warm angezogen bei einem heißen Grog, denn deftige Grillgerichte mit reichhaltigen Salaten schmecken auch in der kalten Jahreszeit. Wem es draußen zu ungemütlich ist, kann die Grillparty auch ins Haus verlegen. Was man dazu benötigt, ist in jedem Haushalt vorhanden: ein Herd bzw. ein Backofen, wenn möglich mit Grillstufe. Wer es romantisch liebt, kann sein Grillgut auch auf einem kleinen Elektrogrill oder heißen Stein am Tisch zubereiten.

Kenner grillen sogar Rollbraten auf dem Grill. Sie können über diese wie auch über alle anderen Fleischsorten wie Steaks, Schnitzel oder Koteletts während des Grillvorgangs immer wieder etwas Bier gießen – das gibt einen wunderbaren Geschmack.

Tipps für ein ungetrübtes Grillvergnügen

- Zum Grillen sollten Sie nur ungepökeltes Fleisch verwenden, da beim Grillen von gepökeltem Fleisch bei hohen Temperaturen schädliche Stoffe, die so genannten Nitrosamine, entstehen können. Gepökelte Wurst- und Fleischwaren enthalten Nitritpökelsalz, das ihnen ihre rote Farbe verleiht und für längere Haltbarkeit sorgt. Das darin enthaltene Nitrit kann mit bestimmten Eiweißstoffen, die in vielen Nahrungsmitteln enthalten sind, unter Hitzeeinwirkung eine Verbindung eingehen. Dadurch entstehen Nitrosamine. Beispiele für gepökelte Fleisch- und Wurstwaren sind u. a. Debrecziner Würste, Wiener Würstchen, Frankfurter Würstchen, Fleischwurst und Kassler.
- Dagegen sind alle Wurst- und Fleischwaren zum Grillen geeignet, die nicht gepökelt sind und somit eher eine helle Farbe haben, z. B. Nürnberger Bratwürste, sowie alle rohen Fleischteile vom Schwein, Rind, Lamm und Geflügel. Auch Fisch schmeckt gegrillt hervorragend.
- Zu gegrilltem Fleisch oder Fisch passen am besten deftige, knackige Salate; und gegen den Durst hilft ein kühles Bier – am besten direkt vom Fass.

Schweinefilet auf dem Spieß

Zutaten für 5–6 Portionen
1 Zucchini • 400 g Schweinefilet (tiefgekühlt)
150 g geräucherter Bauchspeck • 3 kleine Zwiebeln
1 Bund Salbei • 1 Zitrone • 2 EL Öl • Jodsalz, Pfeffer

Preis:
ca. 11,00 DM

1 Zucchini waschen und der Länge nach in doppelt so viele dünne Scheiben schneiden, wie Portionen vorgesehen sind.
2 Aufgetaute Schweinefilets halbieren und mit Zucchini- und Speckscheiben umwickeln. Mit Zahnstochern feststecken.
3 Die Zwiebeln abziehen und halbieren. Die Salbeiblätter von den Stielen zupfen. Die Zitrone in dünne Scheiben schneiden. Nun abwechselnd die Schweinefilets, Zitronenscheiben, Zwiebelhälften und Salbeiblätter auf die Spieße stecken.
4 Rundherum mit Öl einpinseln und auf dem sehr heißen Grill von jeder Seite 5 Minuten braten. Mit Salz und Pfeffer würzen und sofort servieren.

Salbei gehört zur Gattung der Salviagewächse. Salvia stammt von dem lateinischen Wort »salvus«, das gesund bedeutet, ab. So wird Salbei seit alters als Heilmittel und als Gewürz angewendet.

Tsatsiki

Zutaten für 8 Personen
1 Salatgurke • 8 Knoblauchzehen • 4 EL Olivenöl
1 kg Vollmilchjoghurt • Jodsalz • 1 Spritzer Weißweinessig

Preis:
ca. 4,00 DM

1 Die Gurke schälen, der Länge nach halbieren und entkernen. Auf einer Küchenreibe fein raspeln.
2 Die Knoblauchzehen abziehen und durch eine Presse in das Olivenöl drücken.
3 Den Joghurt mit Knoblauchöl und Gurkenraspeln verrühren. Mit Salz und Essig abschmecken.

Gegrillte Bratwurstspieße

Preis: ca. 7,50 DM

Zutaten für 8 Stück

8 Bratwürstchen • etwas Öl • 300 g Camembert Majoran • 200 g durchwachsener Bauchspeck

Camembert gehört zu den schnell reifenden Weichkäsearten. Er ist mild aromatisch. Seine weiße Schimmelrinde wird vom Penicillium-candidum-Pilz gebildet.

1 Die Würstchen in wenig Öl von allen Seiten hellbraun anbraten, der Länge nach aufschneiden und in 2 bis 3 Zentimeter lange Stücke schneiden.

2 Den Camembert in Streifen, den Speck in dünne Scheiben schneiden. In jedes Würstchenstück einen Camembertstreifen legen, mit Majoran bestreuen und mit 1/2 Scheibe durchwachsenem Speck fest umwickeln.

3 Die gefüllten Würstchenstücke auf Spieße stecken und auf dem Holzkohlengrill oder im Backofengrill knusprig braun braten.

Lammspieße mit Joghurt

Preis: ca. 11,00 DM

Zutaten für 5–6 Stück

1 Packung Lammsteaks (tiefgekühlt) • je 1 rote und gelbe Paprikaschote • 3 kleine Zwiebeln • 2 EL Olivenöl 100 ml Rotwein

Für die Joghurtsauce: 2 Knoblauchzehen • 1 Becher Naturjoghurt • 1 Becher Schmand • Jodsalz, Pfeffer • Dill

1 Das Fleisch im Kühlschrank auftauen lassen und in mundgerechte Stücke schneiden. Die Paprikaschoten halbieren, von den Kernen befreien und ebenfalls in mundgerechte Stücke schneiden. Die Zwiebeln abziehen und vierteln.

2 5 bis 6 Holzspieße abwechselnd mit Lammfleisch und Gemüse bestücken. Das Olivenöl in einer Pfanne oder Aluschale erhitzen und die Lammspieße von allen Seiten anbraten. Mit Rotwein angießen und in der Pfanne bei geschlossenem Deckel weitere 30 Minuten garen.

3 Für die Joghurtsauce die Knoblauchzehen abziehen und durch eine Presse drücken. Mit Joghurt und Schmand vermischen und mit Jodsalz, Pfeffer und Dill würzen.

4 Die Spieße auf Tellern anrichten und mit der Joghurtsauce reichen.

Ein Glas Rotwein am Tag fördert die Gesundheit nachhaltig. Die darin enthaltenen Bioflavonoide und Gerbstoffe schützen unsere Gefäße vor Arteriosklerose und senken die Cholesterinwerte.

TIPP Da die Lammsteaks bereits küchenfertig mariniert sind, kann auf das Würzen verzichtet werden. Wer sein Fleisch lieber frisch beim Metzger kauft, würzt es für dieses Gericht am besten mit Kreuzkümmel, Piment, Jodsalz und Pfeffer.

Raviolisalat

Zutaten für 4 Personen

1 Dose Ravioli • 1/2 kleines Glas Essiggurken • 1/2 Glas Tomatenpaprika • 100 g Mayonnaise • 1 Prise Zucker Jodsalz, Pfeffer • 1/2 Bund Petersilie

Preis: ca. 3,50 DM

1 Die Ravioli in eine große Schüssel geben.

2 Die Essiggurken und die Tomatenpaprika in einem Sieb gut abtropfen lassen und in kleine Würfel schneiden. Gründlich mit den Ravioli vermischen.

3 Die Mayonnaise unterrühren und alles mit 1 Prise Zucker, Jodsalz und Pfeffer abschmecken. Mit der fein gehackten Petersilie bestreuen.

4 Im Kühlschrank noch etwa 1 Stunde lang durchziehen lassen.

Gegrillte Riesengarnelen mit Aiolisauce

Preis: ca. 10,00 DM

Zutaten für 2–4 Portionen

1 Packung Riesengarnelen (tiefgekühlt) • 2 Knoblauchzehen Jodsalz, Pfeffer • 6 EL Olivenöl • 1 Zitrone • Petersilie

Für die Aiolisauce: 3 Knoblauchzehen • Jodsalz • 1 Eigelb 1 Spritzer Zitronensaft • 1/8 l Olivenöl

Anstelle von Baguettescheiben können Sie sich auch türkisches Fladenbrot besorgen und dieses in kleine Stücke schneiden. Zusätzlich können Sie die Baguettescheiben oder das Fladenbrot noch auf dem Grill leicht anrösten.

1 Die Garnelen im Kühlschrank auftauen lassen. Die Knoblauchzehen abziehen und fein hacken. Mit Jodsalz, Pfeffer und Olivenöl in einer Schüssel mischen. Die Garnelen mit der Marinade übergießen und etwa 1 Stunde im Kühlschrank ziehen lassen.

2 Für die Aioli die Knoblauchzehen abziehen und mit 1 Prise Salz im Mörser zu Brei zerquetschen oder durch eine Knoblauchpresse drücken. Den Knoblauchbrei in einer kleinen Schüssel mit dem Eigelb und dem Zitronensaft verrühren. Mit einem elektrischen Handrührgerät das Olivenöl möglichst tropfenweise einrühren und so lange aufschlagen, bis die Sauce eine cremige Konsistenz hat. In ein kleines Saucenschälchen füllen.

3 Die marinierten Riesengarnelen mit Küchenkrepp leicht abtupfen. Je 4 bis 5 Riesengarnelen auf Holz- oder Metallspieße stecken und unter dem vorgeheizten Grill von jeder Seite etwa 2 Minuten braten. Mit Zitronenachteln und Petersilienstängeln anrichten. Die Aiolisauce und Baguettescheiben dazu servieren.

Tipp Aioli eignet sich als Dip zu gegrilltem Fisch oder Fleisch genauso wie zu Ofenkartoffeln, geröstetem Brot und gebratenem Gemüse.

Gegrillter Schafskäse

Zutaten für 4 Portionen

2 Zwiebeln • 4 kleine Tomaten • Jodsalz, Pfeffer • gemischte, fein gehackte Kräuter • 400 g Schafskäse

Preis:
ca. 4,00 DM

1 Die Zwiebeln abziehen, in Ringe schneiden und auf 4 Stücke Alufolie (etwa 15 mal 15 Zentimeter) verteilen.

2 Die Tomaten waschen und in Scheiben schneiden. Auf die Zwiebelringe legen und mit Jodsalz, Pfeffer und der Hälfte der Kräuter würzen.

3 Den Schafskäse in der Mitte halbieren. Die Schafskäsescheiben auf das Zwiebelbett setzen und mit den restlichen Kräutern bestreuen.

4 Die Alufolie fest verschließen und die Päckchen etwa 10 Minuten (im Elektrogrill 20 Minuten) grillen.

Wer es besonders knusprig haben will, kann den Schafskäse auch im Backofen grillen (obere Alufolie weglassen). Es bildet sich dann eine schmackhafte Kruste.

Riesengarnelen mit Aioli: die Luxusvariante vom Grill für den verwöhnten Gaumen.

Exotischer Geflügel-Nudel-Salat

Preis:
ca. 5,50 DM

Zutaten für 4–6 Portionen

250 g Nudeln (Penne) • 200 g Putenfilet (tiefgekühlt)
1 Dose Ananas in Scheiben • 1 Glas Erbsen • 200 g Sahne
Jodsalz, Pfeffer • Currypulver • 1 Prise Zucker

Curry bezeichnet eine Gewürzmischung oder die damit hergestellten Gerichte. Es gibt Currys, die aus über 50 Gewürzen bestehen.

1 Die Nudeln in reichlich Salzwasser bissfest kochen, kalt abschrecken.

2 Das Putenfilet nach Packungsanweisung braten und in mundgerechte Stücke schneiden.

3 Die Ananasscheiben abtropfen lassen und ebenfalls in kleine Stücke schneiden. Die Erbsen abtropfen lassen.

4 Alle Zutaten in eine Schüssel geben und gut miteinander vermengen.

5 Die Sahne mit Jodsalz, Pfeffer, Currypulver und 1 Prise Zucker würzen, über den Salat gießen und alles gut vermischen.

Gegrillter Lachs in Folie

Preis:
ca. 6,50 DM

Zutaten für 2 Portionen

250 g Lachsfilet (tiefgekühlt) • 1 Möhre • 1 Apfel • 1 Zucchini
Olivenöl • Jodsalz, Pfeffer • Zitronenmelisseblättchen

1 Das Lachsfilet auftauen lassen. Möhre und Apfel schälen, Zucchini waschen und alles in feine Streifen schneiden.

2 Gemüse- und Apfelstreifen auf 2 Stück Alufolie (20 mal 20 Zentimeter) verteilen. Einige Tropfen Olivenöl darüber geben. Den Lachs mit Jodsalz und Pfeffer würzen und auf das Gemüsebett legen. Mit Zitronenmelisseblättchen belegen.

3 Mit Alufolie bedecken und auf dem Grill 25 bis 30 Minuten garen.

Eiersalat

Zutaten für 2–4 Personen
6 Eier • 100 g Mayonnaise • Currypulver • Knoblauchsalz Jodsalz, Pfeffer • einige Spritzer flüssige Würze • etwas Gemüsebrühe (Instant) • Petersilie

Preis: ca. 1,50 DM

1 Die Eier hart kochen. Anschließend kalt abschrecken, pellen, klein schneiden und in eine Schüssel geben.

2 Die Mayonnaise zugeben und alles gut miteinander vermischen.

3 Den Eiersalat kräftig mit Curry würzen und mit wenig Knoblauchsalz, Jodsalz, Pfeffer, etwas flüssiger Würze, Gemüsebrühe und Petersilie abschmecken. Etwa 1 Stunde ziehen lassen.

Spaghettisalat

Zutaten für 6 Portionen
300 g Spaghetti • 300 g Tomaten • 6 EL Olivenöl • 1 Päckchen Feldsalat • 2 Päckchen Mozzarella (à 125 g) 6 EL Balsamicoessig • Jodsalz, Pfeffer • 1 TL Zucker

Preis: ca. 6,50 DM

1 Die Nudeln bissfest kochen, abgießen und kalt abschrecken. Die Tomaten waschen und in kleine Stücke schneiden. 1 Esslöffel Olivenöl erhitzen und die Tomaten darin 2 Minuten dünsten.

2 Den Feldsalat waschen, putzen und gut abtropfen lassen. Den Mozzarella abtropfen lassen und in kleine Würfel schneiden. Alle Zutaten vermischen.

3 Restliches Öl mit dem Essig vermischen, und mit Jodsalz, Pfeffer und Zucker abschmecken. Vor dem Servieren etwa 30 Minuten ziehen lassen.

Der Feldsalat ist ein naher Verwandter des Baldrians. Er enthält Eisen, Vitamin B6, Vitamin C, Folsäure, Zink, Phosphor und Magnesium.

American Party

Amerikanisches Essen ist nicht erst im Kommen, seit die USA in den achtziger Jahren durch den niedrigen Dollarkurs als Urlaubsland erschwinglich wurden. Seit die Fastfoodketten ihren Siegeszug durch Europa antraten, sind sie wegen ihrer Unkompliziertheit bei Jung und Alt beliebt. Neben Hamburgern & Co. gibt es aber noch viele andere Spezialitäten, die sich schon lange bei uns eingebürgert haben, z. B. Baked Potatoes, Chili con Carne oder die schmackhaften Muffins.

Wer an die USA denkt, hat Worte wie grenzenlose Freiheit oder American Way of Life im Kopf. Dies zeigt sich auch beim Essen: Einfach, unkompliziert, schmackhaft und unheimlich variantenreich muss es sein.

Unkompliziert und preiswert

American Food hat wenig mit Esskultur zu tun und ist gerade deshalb so beliebt: Beim Verzehren sind keine erlesenen Manieren gefragt. Die nachfolgenden Gerichte isst man entweder mit den Fingern oder mit einem Löffel aus dem Suppenteller. Dazu genießt man Softdrinks und frisch gebackene Donuts. Amerikanisches Essen schmeckt und sättigt, ohne die Haushaltskasse allzu sehr zu belasten.

Auf amerikanische Art zu feiern, macht Spaß und gute Laune. Nicht zuletzt ist es auf die schnelle und einfache Zubereitung der Gerichte zurückzuführen, dass American Partys so beliebt sind. Viele Gerichte kann man so anbieten, dass sie von den Gästen selbst zusammengestellt werden müssen. Vor allem bei Hamburgern, Hotdogs und Tortillas bietet sich das an. Stellen Sie dazu alle Zutaten, bereits gewaschen, geschnitten und gekocht, in kleinen Schüsseln oder auf Tellerchen bereit. Jeder kann dann selbst entscheiden, wie viel er von den einzelnen Zutaten nehmen will.

Fingerfood – amerikanisches Essen zum Anfassen ist auch in »good old Europe« der Renner.

Hamburger

Preis:
ca. 4,50 DM

Zutaten für 4 Portionen

2 Zwiebeln • 2 Gewürzgurken • 4 Salatblätter • 2 Tomaten
500 g Hackfleisch halb und halb (tiefgekühlt) • 1 EL mittelscharfer Senf • Jodsalz, Pfeffer • Paprikapulver
2 EL Butterschmalz • 4 runde Brötchen • Tomatenketchup

Die Senfpflanze gehört zur Familie der Kreuzblütler. Es gibt ungefähr 40 Senfpflanzenarten. Die gebräuchlichsten Arten sind der etwas mildere weiße Senf und der stechend scharfe schwarze Senf.

1 Die Zwiebeln abziehen, eine Zwiebel fein würfeln, die andere in Ringe schneiden. Die Gewürzgurken würfeln. Die Salatblätter waschen und gut abtropfen lassen. Die Tomaten waschen und in Scheiben schneiden.

2 Das Fleisch im Kühlschrank auftauen lassen. Mit den gewürfelten Zwiebeln und den Gurken mischen, zum Schluss mit Senf, Jodsalz, Pfeffer und Paprikapulver kräftig würzen.

3 Das Butterschmalz in einer Pfanne erhitzen, aus der Fleischmasse 4 gleich große Burger formen und im Fett rundum knusprig braten. Die Brötchen halbieren.

4 Die Brötchen mit Ketchup bestreichen und mit je 1 Salatblatt und 1 Fleischburger belegen. Mit Zwiebelringen und Tomatenscheiben garnieren, dann den Burger mit der zweiten Brötchenhälfte abdecken und leicht zusammendrücken.

VARIANTE Natürlich können Sie jeden Hamburger noch mit zusätzlichen Zutaten garnieren: Mit je 1 Scheibe Goudascheiblettenkäse zaubern Sie ganz schnell einen Cheeseburger. Alternativ können Sie die Hackfleischmasse auch mit etwas Blauschimmelkäse vermischen. Weitere beliebte Zutaten sind Paprikastreifen, Champignons und gebratener Speck. Als Beilage sind Pommes frites sozusagen ein Muss.

Brownies

Zutaten für ca. 20 Stück
150 g Mehl • 1/2 TL Backpulver • 1 kräftige Prise Jodsalz
80 g Butter • 150 g Zucker • 1 Päckchen Vanillezucker
1 Tafel Schokolade (200 g) • 2 Eier • 100 g Walnüsse

Preis:
ca. 5,00 DM

1 Das Mehl in eine Schüssel geben und mit dem Backpulver und dem Jodsalz vermischen.

2 Die Butter in einen Topf geben und bei kleiner Hitze schmelzen lassen. Dann den Zucker, den Vanillezucker und 2 Teelöffel Wasser zugeben und alles unter Rühren auflösen.

3 Anschließend die Hälfte der Schokolade in kleinen Stücken dazugeben und unter ständigem Rühren ebenfalls schmelzen lassen.

4 Die etwas abgekühlte Schokoladenmasse in eine Schüssel geben und die Eier gut unterrühren.

5 Die Walnüsse und die andere Hälfte der Schokolade fein hacken. Dann die Mehlmischung unter die Teigmasse rühren und zum Schluss die gehackten Walnüsse sowie die Schokoladenstücke unterheben.

6 Den Teig gleichmäßig in einer flachen, gut ausgefetteten Kuchenform (20 mal 30 Zentimeter) verstreichen und im vorgeheizten Backofen bei 160 °C etwa 35 Minuten backen.

7 Die Brownies herausnehmen und abkühlen lassen. In 20 ungefähr gleich große Quadrate schneiden.

Als Vanille bezeichnet man die schotenartigen Früchte einer Kletterorchidee. Sie ist in den meisten tropischen Ländern heimisch und wird dort auch kultiviert. Natürliche Vanille ist sehr teuer, was auf den aufwändigen Herstellungsprozess zurückzuführen ist.

TIPP Wenn die kleinen Schnitten aus dunklem Schokoladenteig nach dem Backen immer noch ziemlich feucht sind, so ist das ein Zeichen für gelungene Brownies – also auf keinen Fall die Backzeit verlängern.

Chili con Carne

Preis:
ca. 5,00 DM

Für 4 Portionen

300 g Hackfleisch halb und halb (tiefgekühlt) • 2 Zwiebeln
2 Knoblauchzehen • 3 große frische Tomaten • Olivenöl
1 Dose geschälte Tomaten • 2 EL Tomatenmark • 1 Dose rote Kidneybohnen • 1 TL Paprikapulver edelsüß • Cayennepfeffer • Bohnenkraut • Jodsalz

Rote Kidneybohnen zählen zu den bekanntesten Bohnensorten. Sie haben ein feines süßliches Aroma und sind nach dem Kochen von cremiger Konsistenz.

1 Das Hackfleisch im Kühlschrank auftauen lassen. Zwiebeln und Knoblauch abziehen und fein würfeln. Die Tomaten mit heißem Wasser überbrühen, kalt abschrecken, abziehen und würfeln.

2 Etwas Olivenöl in einem großen Topf erhitzen und die Zwiebeln und den Knoblauch darin glasig dünsten. Dann das Fleisch hinzufügen und bei mittlerer Hitze gut anbraten.

3 Die frischen und die Dosentomaten, das Tomatenmark und die abgetropften Kidneybohnen zugeben, mit den Gewürzen kräftig abschmecken.

4 Bei geringer Hitze etwa 30 Minuten kochen lassen und dabei gelegentlich umrühren. Mit Baguettescheiben servieren.

Baked Potatoes mit Kräuterdip

Preis:
ca. 2,00 DM

Zutaten für 4 Portionen

4 große Kartoffeln (à 250 g) • 1 EL Butter
Für den Dip: 200 g Schmand • frisch gehackter Schnittlauch
Petersilie • Basilikum • Jodsalz, Pfeffer

1 Die Kartoffeln mit einer Bürste unter fließendem Wasser gründlich reinigen. Dann einzeln auf ein Stück Alufolie legen. Ein Stückchen Butter auf jede Kartoffel geben und fest in die Alufolie einwickeln.

2 Im vorgeheizten Backofen bei einer Temperatur von 250 °C etwa 1 Stunde backen. Um zu testen, ob die Kartoffeln gar sind, mit der Gabel einstechen. Die Kartoffeln sollten weich sein.

3 In der Zwischenzeit für den Dip den Schmand mit den gehackten Kräutern vermischen und mit Jodsalz und Pfeffer abschmecken.

4 Die gebackenen Kartoffeln aus der Alufolie wickeln und zusammen mit dem Kräuterdip servieren.

Donuts

Zutaten für ca. 12 Stück
125 g Zucker • 1 Ei • 430 g Mehl • 1 gestrichener TL Backpulver 1 kräftige Prise Jodsalz • ca. 100 ml Milch • 1 TL geschmolzene Margarine • Butterschmalz zum Ausbacken

Preis:
ca. 4,00 DM

1 Zucker und Ei gut verrühren. Das Mehl mit dem Backpulver und dem Jodsalz mischen und nach und nach unter die Eiermasse rühren. Dann langsam unter Rühren die Milch und die geschmolzene Margarine dazugeben. Alle Zutaten gut miteinander vermischen. Falls der Teig nicht geschmeidig genug ist, noch etwas Milch hinzufügen.

2 Teig auf einer bemehlten Unterlage etwa 1 Zentimeter dick ausrollen. Mit einer Ringform (etwa 7 Zentimeter Durchmesser) Donuts ausstechen und sofort in heißem Fett 1 Minute backen. Dabei nur 1-mal wenden.

3 Nach Belieben in Zimtzucker wälzen, mit Schokoladen- oder Zuckerguss bestreichen und mit bunten Streuseln verzieren.

Wenn Sie keine Ringförmchen besitzen, können Sie die Donuts auch mit einem runden Plätzchenausstecher formen und das Loch in der Mitte mit einem kleinen Ausstecher oder einer Spritztülle stechen.

Hotdogs spezial

Preis: ca. 5,00 DM

Zutaten für 4 Portionen

1 Zwiebel • 1/2 TL Butter • 4 Wiener Würstchen • 2 Essiggurken • 4 Baguettebrötchen zum Aufbacken • Ketchup scharfer Senf • Mayonnaise

Lassen Sie doch Ihre Gäste die Hotdogs selbst belegen. Denn der eine mag keine Zwiebeln, der andere keine Essiggurken, und der dritte will vielleicht keinen Ketchup.

1 Die Zwiebel abziehen und in feine Ringe schneiden. Die Butter in einer Pfanne erhitzen und die Zwiebelringe darin bei mittlerer Hitze rösten.

2 Die Würstchen in einem Topf mit Wasser erhitzen. Die Essiggurken mit einem Gurkenhobel fein hobeln.

3 Die Brötchen im Backofen nach Packungsanweisung aufbacken und so aufschneiden, dass sie noch an einer Längsseite zusammenhängen.

4 Die Würstchen der Länge nach aufschneiden und auf die Brötchen legen.

5 Zum Schluss Gurkenscheiben und geröstete Zwiebelringe auf die Würstchen legen. Ketchup, Senf und Mayonnaise darüber verteilen. Zuklappen und servieren.

VARIANTEN Für 4 Chilidogs 1 Zwiebel und 1 Knoblauchzehe abziehen und fein würfeln. 2 Tomaten abziehen und klein schneiden. 300 Gramm Hackfleisch mit den Zwiebel- und Knoblauchwürfeln anbraten, die Tomaten und 1 Dose Kidneybohnen zugeben, mit Paprikapulver, Pfeffer und Jodsalz würzen. Etwa 30 Minuten kochen. Den Chili auf die Brötchen streichen, die Würstchen darauf legen und zusammenklappen.
Eine pikante Variante erhalten Sie, wenn Sie die Würstchen mit Goudascheibletten belegen und kurz in den Grill schieben, bis der Käse geschmolzen ist. Mit fertigem Krautsalat belegen und zuklappen.

Quesadillas mit Schinken und Käse

Zutaten für 4 Personen
Für den Teig: 100 g Weizengrieß • 100 g Mehl • 3 Eigelbe
1 TL Jodsalz • 400 ml Wasser • Butterschmalz oder Öl zum Ausbacken
Für die Füllung: 100 g Gouda oder Goudascheiblettenkäse
1 Tomate • 4 dünne Scheiben gekochter Schinken
1 EL gehackte Petersilie

Preis: ca. 3,00 DM

1 Alle Zutaten für den Teig gut miteinander vermischen und ewa 3 Stunden zugedeckt ruhen lassen. Den Gouda reiben. Die Tomate waschen, vom Stielansatz befreien und in hauchdünne Scheiben schneiden.

2 Etwas Butterschmalz oder Öl in einer kleinen beschichteten Pfanne erhitzen und darin aus dem Teig dünne Pfannkuchen ausbacken.

3 Die Hälfte der Pfannkuchenoberfläche mit Käse bestreuen und mit Schinken belegen. Tomatenscheiben und Petersilie darauf verteilen. Mit dem restlichen Käse bestreuen. Einklappen und flachdrücken.

4 Eine beschichtete Pfanne mit etwas Öl bestreichen und die Quesadillas bei mittlerer Hitze von beiden Seiten goldbraun backen. Die fertigen Quesadillas im schwach geheizten Ofen (120 °C) warm stellen.

5 Die Quesadillas halbieren und mit verschiedenen Saucen (Ketchup, Mayonnaise, Remoulade, Relish, Salsa) servieren.

Gouda gehört zu den Schnittkäsen. Diese enthalten im Vergleich zu Hartkäsesorten wie Parmesan, Pecorino oder Emmentaler noch mehr Wasser und sind deshalb etwas weicher in ihrer Konsistenz. Appenzeller, Tilsiter und Edamer sind ebenfalls Schnittkäse.

INFO Quesadillas und Tortillas (siehe Seite 98) mit ihren vielfältigen Füllungen sind eigentlich Spezialitäten der mexikanischen Küche, erfreuen sich aber auch in den USA großer Beliebtheit.

Zitronenpie

Preis:
ca. 6,00 DM

Zutaten für ca. 12 Stücke
Für den Teig: 200 g Löffelbiskuits • 75 g weiche Butter
Für die Füllung: 5 Eier • 200 g Zucker • Saft und abgeriebene Schale von 2 Zitronen • 200 g Doppelrahmfrischkäse 400 g Sahne

Anstelle der Löffelbiskuits können Sie auch Butterkekse verwenden.

1 Die Löffelbiskuits in einen Plastikbeutel geben und mit einem Nudelholz gut zerbröseln. Die Butter schmelzen lassen, darüber träufeln und gut mit den Biskuitbröseln verkneten. Den Boden einer Springform mit Backpapier auslegen, den Teig gleichmäßig darauf verteilen und fest andrücken.

2 Die Eier trennen. Die Eigelbe mit Zucker, Zitronensaft und abgeriebener Zitronenschale schaumig rühren. In einen Topf geben und unter ständigem Rühren kurz aufkochen lassen. Dann für einige Zeit in den Kühlschrank stellen. Den Frischkäse unter die Eigelbmasse rühren.

3 Das Eiweiß und die Sahne getrennt steif schlagen. Erst den Eischnee, dann die Sahne vorsichtig unter die Frischkäsemasse heben. In die Kuchenform füllen und die Oberfläche mit einem Messer glatt streichen.

4 Den Kuchen im Kühlschrank mindestens 2 Stunden kalt stellen. Vor dem Servieren mit etwas abgeriebener Zitronenschale bestreuen.

Tipp Der Zitronenpie schmeckt – vor allem im Sommer – auch leicht gefroren ganz köstlich. Dazu den Kuchen über Nacht ins Gefrierfach stellen und etwa 20 Minuten vor dem Servieren herausnehmen. Nach Belieben mit einigen Blättchen Zitronenmelisse garnieren.

Apfel-Zimt-Muffins

Zutaten für ca. 12 Stück
200 g Mehl • 60 g feine Haferflocken • 2 1/2 TL Backpulver 3 Äpfel • 2 Eier • 180 g Zucker • 1 TL Zimt • 1 Prise Jodsalz 150 g Butter • 1 Päckchen Vanillezucker • 300 g Vollmilchjoghurt • Fett zum Ausfetten oder Papierbackförmchen

Preis: ca. 2,50 DM

1 Das Mehl in eine Schüssel geben, mit den Haferflocken und dem Backpulver vermischen. Die Äpfel schälen, vom Kerngehäuse befreien und in kleine Stücke schneiden.

2 Die Eier leicht verquirlen. Den Zucker, den Zimt, das Jodsalz, die weiche Butter und den Vanillezucker zugeben und alles gut miteinander verrühren. Dann den Joghurt unterziehen. Die Mehlmischung unterrühren. Zuletzt die Apfelstückchen vorsichtig unter den Teig heben.

3 Den Teig in ausgefettete Muffinförmchen oder Papierbackförmchen einfüllen. Im vorgeheizten Backofen bei einer Temperatur von 180 °C in etwa 20 Minuten goldgelb backen.

4 Die Muffins aus dem Ofen nehmen und vor dem Verzehr noch etwa 5 Minuten ruhen lassen. Am besten noch warm servieren.

Das Geheimnis guter Muffins liegt im Rühren. Der Teig sollte nicht mit dem Mixer geschlagen, sondern leicht mit der Hand gerührt werden. Muffinteig, der zu stark gerührt wurde, wird schnell hart.

INFO Fast an jeder Straßenecke kann man den USA den Duft von frisch gebackenen Muffins erhaschen. Zum Standardangebot gehören Muffins mit Heidelbeeren, Rosinen, Bananen oder Haselnüssen, immer eingebettet in einen leichten Rührteig. Doch auch anderes Obst sowie Möhren, Zucchini oder gar Erdnüsse werden verarbeitet. Die Geschmacksrichtung ist dabei fast ausschließlich süß.

Tortillas mit Hackfleischfüllung

Preis:
ca. 8,00 DM

Zutaten für 4 Portionen

Für die Tortillas: 100 g Weizengrieß • 100 g Mehl • 3 Eigelbe
1 TL Jodsalz • 400 ml Wasser • Butterschmalz oder Öl zum Ausbacken
Für die Füllung: 500 g Hackfleisch halb und halb (tiefgekühlt) • 3 Zwiebeln • 1 Knoblauchzehe • 1 rote Paprikaschote
1 Dose Thunfisch im eigenen Saft • 1/2 Dose Mais • 5 Tomaten • 2 EL Olivenöl • Jodsalz • 1 EL Gemüsebrühe (Instant)
Cayennepfeffer • Oregano • einige Blätter Eisbergsalat

Für Gäste, die Vegetarier sind, können Sie auch aus zuerst gekochten, danach pürierten und gut gewürzten Kichererbsen einen hackfleischartigen Teig herstellen, der mit einem Ei vermengt das Hackfleisch ersetzt.

1 Alle Zutaten für den Teig gut miteinander vermischen und etwa 3 Stunden zugedeckt ruhen lassen. Das Hackfleisch im Kühlschrank auftauen lassen.

2 Für die Füllung die Zwiebeln und die Knoblauchzehe abziehen und fein würfeln. Die Paprikaschote putzen, entkernen, waschen und in kleine Würfel schneiden.

3 Den Thunfisch und den Mais abtropfen lassen. Die Tomaten kreuzweise einschneiden und mit kochendem Wasser überbrühen. Abziehen, vom Stielansatz befreien und in Würfel schneiden.

4 Das Olivenöl in einer großen Pfanne erhitzen, Zwiebeln und Knoblauch darin glasig dünsten. Das Hackfleisch zugeben und von allen Seiten bröselig braten. Dann die Paprika- und Tomatenwürfel sowie Thunfisch und Mais zufügen und untermischen.

5 Mit Jodsalz, Gemüsebrühe, Cayennepfeffer und Oregano herzhaft abschmecken und etwa 45 Minuten zugedeckt kochen lassen.

6 Aus dem Teig in einer kleinen beschichteten Pfanne mit etwas Butterschmalz oder Öl dünne Tortillas ausbacken und warm stellen.

7 Die Tortillas mit der Hackfleischmasse füllen, mit Salatblättern belegen. Nach Geschmack Ketchup darüber geben und zusammenklappen.

TIPP Ein Tortillaessen macht vor allem mit mehreren Gästen Spaß: Jeder bereitet sich seine Tortillas nach Geschmack selbst zu. Wer mag, kann auch noch geriebenen Gouda, Edamer oder klein geschnittenen Scheiblettenkäse in die Tortillas geben.

Thunfischsandwich

Zutaten für 10 Stück
200 g Thunfisch im eigenen Saft • 1 Tomate • 1/2 Bund Dill
100 g Salatcreme • Jodsalz, Pfeffer • 1/2 Salatgurke
10 Scheiben Weizenmischbrot • Butter zum Bestreichen

Preis:
ca. 3,50 DM

1 Den Thunfisch abtropfen lassen und klein schneiden. Die Tomate waschen, den Stielansatz entfernen und ebenfalls sehr fein zerkleinern. Dill waschen und fein hacken.
2 Thunfisch und Tomate mit dem Dill unter die Salatcreme mischen und mit Pfeffer und wenig Salz abschmecken.
3 Die Gurke schälen und mit einem Hobel in feine Scheiben schneiden. Mit Jodsalz würzen, gut durchmischen und ziehen lassen, bis die Scheiben weich sind. Anschließend abtropfen lassen.
4 Die Brotscheiben toasten und dünn mit Butter bestreichen. 5 Scheiben mit Gurken belegen und dann die Thunfischmasse darauf verteilen. Mit den übrigen Gurkenscheiben belegen und mit den restlichen Brotscheiben abdecken. Die Sandwichs in zwei Hälften schneiden.

Wenn Sie lieber kleinere Häppchen möchten, vierteln Sie die Brote. Sie erhalten dann ca. 20 Sandwichs.

Kindergeburtstag

Ob klein oder schon etwas größer – Kinder sind in der Regel richtige Partyhengste. Je größer der Trubel, desto besser. Und weil bei den kleinen Rabauken neben dem Spielen auch das Essen – und vor allem das Naschen – nicht zu kurz kommen darf, bietet ALDI die richtigen Zutaten für eine gelungene Kinderfete.

Flecken und ähnliche »Katastrophen« gehören nun mal zu einem Kindergeburtstag, an dem getobt und gealbert wird. Verwenden Sie Pappbecher und -teller sowie Tischdecken aus Papier, die die Kinder bunt bemalen können.

Das Auge isst immer mit

Kinder sind keine Gourmets, sie bevorzugen in der Regel einfache Gerichte. Außerdem lieben sie es, mit den Fingern zu essen – was man ihnen bei einer Feier nicht vorenthalten sollte, zumal es viel unkomplizierter ist, als den Tisch mit Messer und Gabel einzudecken. Die Garnierung spielt bei Kindern eine große Rolle: Alles, was originell aussieht, wird probiert. Achten Sie deshalb auch auf die »Verpackung« Ihrer Snacks. Die Fischburger können Sie beispielsweise mit selbst gebastelten Fähnchen, die auf ein Holzspießchen aufgeklebt sind, versehen und sie mit Kapitänsnamen (z.B. »Käpt'n Blaubär«) beschriften. Die Würstchenbonbons sehen in einem großen Bonbonglas hübsch aus, und die Fleischbällchen lassen sich wunderbar, mit Gemüsestückchen oder ausgestochenen Käsescheibchen kombiniert, auf kleine Spieße stecken. In Folie eingewickelt, können die Kinder die übrig gebliebenen Leckereien auch als Wegzehrung mit nach Hause nehmen.

Vergessen Sie nicht, den Partyraum zu dekorieren. Kinder sind hierin nicht anspruchsvoll. Oft genügen schon aufgeblasene Luftballons, Luftschlangen oder Papiergirlanden, um Partyatmosphäre zu schaffen.

Ihre kleinen Gäste werden begeistert sein, wenn sie eine »echte« Bowle serviert bekommen.

Würstchenbonbons

Preis:
ca. 3,50 DM

Zutaten für 16 Stück
1 Blätterteigrolle (250 g) • 4 Wiener Würstchen • 1 Ei

Achten Sie beim Senfeinkauf darauf, dass Sie keinen zu scharfen Senf kaufen. Kinder mögen meistens milden bis mittelscharfen Senf am liebsten.

1 Den Blätterteig mit dem Nudelholz noch etwas dünner ausrollen und in 16 gleich große Vierecke schneiden. Die Würstchen in 4 Stücke zerteilen.

2 Auf jedes Blätterteigviereck ein Würstchenstück geben, dann den Teig zusammenrollen und am Rand wie bei einem eingewickelten Bonbon zusammendrücken.

3 Das Ei mit einer Gabel verquirlen und den Blätterteig damit bestreichen. Im Backofen bei einer Temperatur von 200 °C in 10 bis 15 Minuten goldbraun backen. Mit Ketchup oder Senf servieren.

Blätterteigpizza

Preis:
ca. 4,00 DM

Zutaten für 15 Stück
1 Blätterteigrolle (250 g) • Ketchup • 1 Cabanossi
1 rote Paprikaschote • 100 g geriebener Emmentaler

1 Den Blätterteig dünn mit Ketchup bestreichen. Mit einer Tasse etwa 15 Kreise ausstechen.

2 Die Cabanossi in dünne Scheibchen schneiden. Die Paprikaschote putzen, waschen, von den Kernen befreien und klein würfeln. Beides auf den kleinen Blätterteigpizzen verteilen.

3 Die Pizzen mit dem geriebenen Emmentaler bestreuen und im vorgeheizten Backofen bei einer Temperatur von 180 °C auf mittlerer Schiene etwa 10 bis 15 Minuten backen.

Hawaiischnecken

Zutaten für 15 Stück
1 Blätterteigrolle (250 g) • 3 EL Ketchup • 100 g gekochter Schinken in Scheiben • 150 g Ananas in Scheiben oder Stücken • 4 Scheiben Käsescheibletten • 1 Ei

Preis: ca. 4,00 DM

1 Den Blätterteig mit Ketchup bestreichen. Die Schinkenscheiben darauf legen. Die Ananas in kleine Stücke schneiden und ebenfalls darauf verteilen. Mit Scheibletten belegen und den Blätterteig gleichmäßig aufrollen.
2 Die Rolle mit einem scharfen Messer in 15 Scheiben schneiden und auf ein mit Backpapier ausgelegtes Backblech legen. Die Oberfläche mit verquirltem Ei bestreichen und die Schnecken im vorgeheizten Backofen bei 180 °C etwa 15 Minuten backen, bis der Teig goldgelb und leicht aufgegangen ist.

Minifischburger

Zutaten für 15 Stück
1–2 EL Öl • 1 Packung Fischstäbchen (tiefgekühlt) 1 Baguette • Butter zum Bestreichen • einige Blätter Eisbergsalat • Mayonnaise

Preis: ca. 5,00 DM

1 Das Öl in einer Pfanne erhitzen und die Fischstäbchen nach Packungsanweisung zubereiten.
2 Das Baguette in 15 längliche Scheiben schneiden und dünn mit Butter bestreichen. Mit etwas Salat belegen.
3 Dann je 1 Fischstäbchen darauf legen und mit einem Klecks Mayonnaise verzieren. Auf Holzstäbchen aufspießen.

Auch bei Kindern, die keinen Fisch mögen, liegen Sie mit knusprig gebratenen Fischstäbchen meistens richtig.

Müslinester

Preis:
ca. 1,50 DM

Zutaten für 30 Stück
50 g Butter • 100 g kernige Haferflocken • 50 g Trockenpflaumen • 50 g getrocknete Aprikosen • 1 Ei

1 Die Butter in einer Pfanne bei mittlerer Temperatur zerlassen. Die Haferflocken darin unter Rühren etwas anrösten, anschließend auskühlen lassen.
2 Die Trockenfrüchte in kleine Würfel schneiden. Das Ei mit einer Gabel verquirlen.
3 Die Haferflocken und die Trockenfrüchte unter das Ei ziehen. Mit zwei Teelöffeln kleine Häufchen auf ein mit Backpapier ausgelegtes Blech setzen.
4 Im vorgeheizten Backofen bei einer Temperatur von 180 °C etwa 10 Minuten backen.

Negerkusstorte

Preis:
ca. 8,00 DM

Zutaten für 12 Stücke
6 Eier • 250 g Zucker • 1 Päckchen Vanillezucker
400 g gemahlene Haselnusskerne • 2 EL Semmelbrösel
1 Päckchen Backpulver • 1 Prise Jodsalz • 400 g Sahne
2 EL Kakaopulver
Für den Guss: ca. 200 g Puderzucker • ca. 3 EL fettarme Milch • 12 Mininegerküsse

Ein beliebtes Spiel bei allen Kinderfesten ist das Negerkusswettessen: Wer am schnellsten essen kann, ist der Sieger.

1 Die Eier mit dem Zucker und dem Vanillezucker schaumig rühren. Die Haselnüsse mit den Semmelbröseln, dem Backpulver und dem Jodsalz vermischen. Die Nussmischung zu den Eiern geben und alles gut miteinander verrühren.

2 Den Teig in eine gefettete Springform (etwa 20 Zentimeter Durchmesser) füllen und im Backofen bei 175 °C etwa 30 Minuten backen.

3 Den Kuchen auskühlen lassen und einmal horizontal durchschneiden. Die Sahne mit dem Kakaopulver steif schlagen und eine Hälfte des Kuchens damit bestreichen. Die zweite Hälfte darauf setzen.

4 Den Puderzucker mit der Milch glatt rühren und den Kuchen gleichmäßig mit der Milchglasur bestreichen.

5 Den Kuchen in 12 Stücke schneiden und auf jedes Stück einen Mininegerkuss setzen.

Sandwichecken

Zutaten für 4 Stück

1 Tomate • 40 g Champignons • 4 Scheiben Toast • Butter oder Margarine zum Bestreichen • 2 Scheiben gekochter Schinken • 2 Scheiben Gouda

Preis: ca. 2,00 DM

1 Den Sandwichtoaster vorheizen. Die Tomate waschen, putzen und in Scheiben schneiden. Die Champignons putzen und in Scheiben schneiden.

2 Den Toast dünn mit Butter oder Margarine bestreichen. Zwei Brotscheiben mit der gefetteten Seite nach unten in den Toaster legen. Zuerst mit Schinken, dann mit Tomaten- und Champignonscheiben und schließlich mit Käsescheiben belegen und mit den restlichen Toastbroten – mit der gefetteten Seite nach oben – bedecken.

3 Deckel schließen und 2 bis 3 Minuten toasten, bis der Käse geschmolzen ist. Anschließend herausnehmen und diagonal durchschneiden.

Reichen Sie zu den Sandwichecken reichlich Tomatenketchup, dann bleibt bestimmt keiner von diesen Leckerbissen übrig.

Schokoladencrossies

Preis: ca. 1,50 DM

Zutaten für ca. 15 Stück

100 g Schokolade • 2 EL Sahne • 1–2 Tassen Cornflakes

1 Die Schokolade im Wasserbad unter ständigem Rühren schmelzen lassen. Nach und nach die Sahne einrühren und anschließend die Cornflakes unterheben.

2 Von dieser Masse mit zwei Teelöffeln kleine Häufchen auf ein mit Pergamentpapier ausgelegtes Backblech setzen und trocknen lassen. Kühl stellen.

Bananenkugeln

Preis: ca. 4,50 DM

Zutaten für ca. 30 Stück

2 kleine reife Bananen • 3 EL Orangensaft • fein geriebene Schale von 1 unbehandelten Orange • 200 g gemahlene Mandeln • 100 g gehobelte Mandeln • 2 EL Kakaopulver

Die Bananenkugeln sollten bald verzehrt werden, da sie sonst braun und matschig werden.

1 Die Bananen schälen und mit einem Pürierstab pürieren. Orangensaft und -schale unterrühren. Die gemahlenen Mandeln unter die Bananenmasse mischen und das Ganze etwa 30 Minuten im Kühlschrank kalt stellen.

2 Die gehobelten Mandeln mit dem Kakaopulver vermischen und auf einen Teller geben.

3 Die Bananenmasse aus dem Kühlschrank nehmen, mit einem Teelöffel 30 Portionen abteilen und mit bemehlten Händen zu Kugeln formen. Sollte die Masse zu weich sein, weitere gemahlene Mandeln unterrühren.

4 Die Kugeln in der Kakao-Mandel-Masse wälzen, in Pralinenförmchen legen und kühl stellen.

Baisers

Zutaten für 30 Stück
4 Eiweiße • 250 g Zucker • Schokoladen- oder Zuckerstreusel

Preis:
ca. 1,00 DM

1 Das Eiweiß steif schlagen. Darauf achten, dass alles fettfrei ist, sonst fällt es in sich zusammen. Nach und nach löffelweise den Zucker einrieseln lassen, bis ein kompakter Eischnee entstanden ist, den man mit dem Messer zerschneiden kann.
2 Den Eischnee in einen Spritzbeutel füllen und mit einer Spritztülle kleine Sterne oder Ringe auf ein mit Backpapier belegtes Blech spritzen. Nach Belieben mit Schokoladen- oder bunten Zuckerstreuseln bestreuen.
3 Im vorgeheizten Backofen bei 90 °C etwa 2 Stunden trocknen lassen. Die Backofentür dabei leicht geöffnet lassen, damit die Feuchtigkeit abdampfen kann.

Die Baisers eignen sich auch hervorragend als kleines Präsent, das man den Kindern mit nach Hause gibt.

Joghurtwaffeln

Zutaten für ca. 6 Stück
125 g Butter • 1 EL Zucker • 4 Eigelbe • 250 g Mehl
250 g Vollmilchjoghurt • 4 Eiweiße • 1 Prise Jodsalz
Puderzucker zum Bestreuen

Preis:
ca. 2,50 DM

1 Die Butter mit dem Zucker und den Eigelben schaumig rühren. Abwechselnd etwas Mehl und Joghurt dazugeben und alles gut miteinander verrühren.
2 Das Eiweiß steif schlagen, mit dem Jodsalz unter den Teig heben.
3 Im gefetteten Waffeleisen goldgelbe Waffeln ausbacken. Mit Puderzucker bestreuen.

Süße Verlockungen

Die Büffetecke mit den Süßspeisen ist bei den meisten Partys gut besucht. Es soll zwar Leute geben, die sich nichts aus Desserts machen. Da die Naschkatzen aber eindeutig in der Mehrheit sind, finden Sie nachfolgend Anregungen für süße Köstlichkeiten mit Zutaten aus dem ALDI-Sortiment. Mit dem reichhaltigen Angebot an Obst, Nüssen und Milchprodukten können Sie Leckereien für jeden Anlass kreieren.

Mit Süßigkeiten liegen Sie wahrscheinlich nie falsch. Hübsch dekoriert und in vielen Varianten, verführen sie so auch eingefleischte Gesundheitsapostel zum Naschen.

Die Krönung des Partybüffets

Viele der folgenden Rezepte werden mit konserviertem Obst zubereitet. Je nach Saison bietet ALDI diese Früchte aber auch frisch an. Tauschen Sie die Zutaten gegebenfalls einfach aus.

Frische Früchte, farblich ansprechend kombiniert, sind nicht nur als Tischdekoration ein Blickfang. Sie laden häufig auch dazu ein, einfach hineinzubeißen. ALDI bietet eine große Auswahl an frischem Obst: Neben heimischen Obstsorten wie Äpfeln, Aprikosen, Birnen, Pflaumen und Erdbeeren führt der Discounter auch südländische und exotische Früchte wie z. B. Pfirsiche, Ananas, Mangos, Papayas, Kiwis, Weintrauben, Mandarinen und Orangen. Kaufen Sie für Ihre Party vorwiegend Obst ein, das gerade Saison hat. Da ist der gute Geschmack garantiert.

Wer den Aufwand scheut, seinen Gästen selbst gemachte Kuchen, Torten und Desserts zu präsentieren, ist mit dem Eissortiment von ALDI bestens bedient. ALDI hat viele köstliche Eisspezialitäten, von Ministieleis bis hin zur Eisbombe, im Angebot.

Die Pflaumenmousse bildet einen dekorativen Höhepunkt des Nachtischbüffets.

Pfirsichviertel mit Frischkäse

Preis: ca. 3,00 DM

Zutaten für 16 Stück
4 reife Pfirsiche • 100 g Doppelrahmfrischkäse
100 g Magerquark • 1 EL Puderzucker • 1 EL Grand Marnier
50 g Pumpernickel • Minzeblättchen zum Verzieren

1 Die Pfirsiche waschen, vierteln und den Kern herauslösen. Die Schalenseiten der Pfirsichviertel gerade schneiden, um die Auflagefläche zu vergrößern.

2 Frischkäse, Magerquark, Puderzucker und Grand Marnier in eine Schüssel geben und gut miteinander vermischen. Die Käsecreme in eine Spritztülle füllen und kleine Rosetten in die Pfirsichviertel spritzen.

3 Den Pumpernickel fein zerkrümeln, auf die Frischkäsecreme streuen und leicht festdrücken. Mit den Minzeblättchen garnieren.

Kirschtörtchen

Preis: ca. 7,50 DM

Zutaten für ca. 10 Stück
Für den Teig: 250 g Mehl • 50 g Zucker • 2 Eigelbe
150 g Butter • Jodsalz
Für die Füllung: 400 g Schattenmorellen (Glas)
250 g Sahne • 4 Eier • 150 g Zucker • 4 EL Kirschwasser

1 Aus Mehl, Zucker, Eigelben, Butter und 1 Prise Jodsalz einen geschmeidigen Teig kneten. Etwa 1 Stunde im Kühlschrank ruhen lassen. Dann dünn ausrollen und in kleine gebutterte Kuchenförmchen legen.

2 Die Schattenmorellen in einem Sieb gut abtropfen lassen und gleichmäßig auf die Kuchenförmchen verteilen.

3 Für den Guss die Sahne mit den Eiern und dem Zucker verquirlen. Dann das Kirschwasser unterrühren. Diese Masse über die Kirschen gießen, so dass die Form bis zu 2/3 mit der Flüssigkeit gefüllt ist.

4 Im vorgeheizten Backofen bei einer Temperatur von 180 °C etwa 35 Minuten backen. Mit Puderzucker bestreuen.

Tipp Statt der Sahne können Sie auch Schmand verwenden. Das gibt den Törtchen eine etwas frischere, säuerliche Note.

Apfeltaschen

Zutaten für 8 Stück

1 Blätterteigrolle (250 g) • 50 g Sultaninen • 30 g Walnüsse
1 Glas Apfelkompott (370 g) • 1 Eiweiß

Preis:
ca. 4,00 DM

1 Den Blätterteig etwas dünner ausrollen und in 8 gleich große Quadrate schneiden.

2 Die Sultaninen und die Walnüsse klein hacken, mit dem Apfelmus vermischen. Die Apfelfüllung auf die Blätterteigvierecke verteilen.

3 Die Teigtaschen zusammenklappen, an den Rändern fest andrücken und mit dem Messer am Rand mehrere kleine und oben zwei größere Schlitze einschneiden.

4 Die Apfeltaschen mit Eiweiß bestreichen. Im vorgeheizten Backofen bei einer Temperatur von 180 °C etwa 15 Minuten backen.

5 Die Temperatur auf 160 °C reduzieren und die Apfeltaschen nochmals etwa 10 Minuten backen, bis sie goldbraun sind.

Sie können die Apfeltaschen noch mit Zimtpulver würzen und als Variation anstelle der Walnüsse auch gehackte Haselnüsse oder Mandeln verwenden.

Früchtespieße

Preis: ca. 3,50 DM

Zutaten für 8 Portionen

8 Erdbeeren • 1 Banane • 2 Kiwis • 1 Dose Ananas in Scheiben 1/2 Honigmelone • etwas Zitronensaft • 150 g Vollmilchjoghurt • 2 EL Honig

Die Kiwi stammt ursprünglich aus China und wurde als »Chinesische Stachelbeere« in Europa eingeführt.

1 Die Früchte waschen, nach Bedarf schälen und in mundgerechte Stücke schneiden. Die Bananenstücke mit etwas Zitronensaft beträufeln, damit sie sich nicht verfärben. Die Fruchtstücke abwechselnd auf Holzspießchen aufstecken.

2 Den Joghurt mit dem Honig verrühren und als Dip zu den Früchtespießchen reichen.

Mousse au Chocolat

Preis: ca. 2,50 DM

Zutaten für 4 Portionen

100 g Halbbitterschokolade • 3 Eier • 3 EL Zucker 200 g Sahne

1 Die Schokolade im Wasserbad schmelzen. Zwischendurch immer wieder umrühren.

2 In der Zwischenzeit die Eier trennen und das Eiweiß steif schlagen.

3 Die Eigelbe mit dem Zucker schaumig rühren. Dann die geschmolzene Schokolade zugeben und alles gut verrühren.

4 Das steif geschlagene Eiweiß vorsichtig unterheben, bis eine gleichmäßige Masse entsteht.

5 Die Sahne steif schlagen, unter die Schokoladencreme rühren. Im Kühlschrank etwa 2 Stunden kalt stellen. Mit einem Esslöffel kleine Nocken abstechen und auf Desserttellern servieren.

Gebackene Bananen

Zutaten für 8 Portionen
3 feste, reife Bananen • 1 Ei • 2 EL Mehl • 50 g Semmelbrösel 2 EL gemahlene Mandeln • 1/2 TL Zimt • Butterschmalz zum Ausbacken

Preis: ca. 3,50 DM

1 Die Bananen schälen, halbieren und der Länge nach durchschneiden.
2 Das Ei in einem Teller verquirlen. Das Mehl auf einen zweiten und die Semmelbrösel-Mandel-Zimt-Mischung auf einen dritten Teller geben.
3 Die Bananen abwechselnd in Mehl, Ei und der Semmelbröselmischung wälzen. Butterschmalz in einem Topf erhitzen und die panierten Bananen goldbraun frittieren.
4 Die Bananen heiß mit Vanilleeis servieren.

Apfeltraum

Zutaten für 6–8 Portionen
150 g Löffelbiskuit oder fertiger Biskuitboden • 10 EL Apfelsaft • 1 Glas Apfelkompott mit Stücken • 1 geriebener Apfel 250 g Frischkäse • 250 g Quark • 1/8 l Milch • 1 EL Zucker oder Honig • Kakao zum Bestreuen

Preis: ca. 7,00 DM

1 Eine Auflaufform mit Löffelbiskuits auslegen, die Biskuits mit Apfelsaft beträufeln. Apfelmus und geriebenen Apfel darauf verteilen.
2 Frischkäse mit Quark, Milch und Zucker in eine Schüssel geben und mit dem Rührgerät aufschlagen. Die Quarkcreme über das Apfelmus streichen, kühl stellen und gut durchziehen lassen.
3 Kurz vor dem Servieren mit Kakao bestreuen.

Das Wort »Kakao« ist von »cacaohuaquchtl« abgeleitet, womit die Mayas den Kakaobaum bezeichneten.

Wiener Apfelstrudel

Preis: ca. 5,50 DM

Zutaten für 12 Stücke

300 g Mehl • 4 EL Sonnenblumenöl • Jodsalz • 150 ml lauwarmes Wasser • 1,5 kg Äpfel • Saft von 1 Zitrone 80 g Semmelbrösel • 2 EL Butter • 50 g Puderzucker 1 Messerspitze Zimt • 100 g Sultaninen • Butter zum Bestreichen • Puderzucker zum Bestäuben

Apfelstrudel schmeckt am besten, wenn er mit sauren Äpfeln zubereitet wird, z. B. mit Boskop oder Idared.

1 Das Mehl auf ein Nudelbrett oder eine Arbeitsfläche sieben und in der Mitte eine Mulde formen. Öl, 1 Prise Jodsalz und etwas lauwarmes Wasser nach und nach in die Vertiefung geben. Mit einem Kochlöffel so lange rühren, bis ein mittelfester Teig entsteht. Diesen dann kräftig kneten, bis er glatt und geschmeidig ist. Das Brett mit Mehl bestäuben, den Teig darauf legen und mit etwas Öl bestreichen. Zugedeckt etwa 30 Minuten ruhen lassen.

2 In der Zwischenzeit die Füllung vorbereiten. Die Äpfel schälen und entkernen. Dann hobeln und mit dem Saft der Zitrone beträufeln. Die Semmelbrösel in der Butter anrösten, dann den Puderzucker, den Zimt und die Sultaninen dazugeben. Alles gut miteinander vermischen.

3 Ein großes Geschirrtuch mit Mehl bestäuben. Den Teig halbieren, mit der geölten Seite nach oben auf das Tuch legen, dünn ausrollen und mit den Händen zwei Rechtecke (etwa 40 mal 30 Zentimeter) ausziehen.

4 Die Teigplatten mit der geschmolzenen Butter beträufeln. Nun die Apfelfüllung auf den Teigflächen verteilen. An den Rändern 4 bis 5 Zentimeter frei lassen. Von der jeweils langen Teigplattenseite mit Hilfe des Geschirrtuchs einen Strudel formen und mit der Nahtseite nach unten in eine ausgefettete Bratform geben.

5 Den Strudel von außen noch mit geschmolzener Butter bestreichen und im Backofen bei einer Temperatur von 200 °C in etwa 40 bis 45 Minuten goldbraun backen. Zwischendurch mit flüssiger Butter bestreichen.

6 Aus dem Ofen nehmen und mit Puderzucker bestäuben.

Pflaumenmousse

Zutaten für 20 Stück

200 g Trockenpflaumen • 20 ml Zwetschgenwasser
1 EL Zucker • 1 TL Vanillezucker • 150 g Sahne
10 frische Pflaumen

Preis:
ca. 3,00 DM

1 Die getrockneten Pflaumen über Nacht in Wasser einweichen. Dann abtropfen lassen, entsteinen und klein schneiden.

2 Die Pflaumenstückchen mit dem Zwetschgenwasser, dem Zucker und dem Vanillezucker in einen Mixer geben und pürieren.

3 Die Sahne steif schlagen, unter die Pflaumenmasse rühren. Die Mousse im Kühlschrank etwa 2 Stunden kalt stellen.

4 Die frischen Pflaumen waschen, halbieren und vom Kern befreien.

5 Mit einem Teelöffel von der Pflaumenmousse kleine Nocken abstechen und in die Pflaumenhälften füllen. Nach Geschmack mit Schokoladenstreuseln oder frischer Zitronenmelisse garnieren.

Der Pflaumenbaum stammt wahrscheinlich aus China, wird aber schon seit langer Zeit auf der ganzen Welt kultiviert. Allein in Nordamerika werden heute über 2000 Sorten angebaut.

TIPP Die Pflaumenmousse schmeckt auch köstlich, wenn sie mit etwas Zimt verfeinert wird.

Erdbeergratin

Preis: ca. 3,50 DM

Zutaten für 4 Portionen

500 g Erdbeeren • 1/8 l Sahne • 4 Eigelbe • 1 EL Zucker
1 Päckchen Vanillezucker • abgeriebene Schale von 1 Zitrone
20 g Mandelblättchen • Puderzucker zum Bestäuben

Erdbeeren sind eine wahre Gesundheitsbombe. Sie regen den Stoffwechsel an, reinigen das Blut, wirken harntreibend und gleichen den Mineralstoffhaushalt aus.

1 Die Erdbeeren waschen und putzen. Je nach Größe vierteln oder halbieren. Sahne steif schlagen. Eigelbe mit Zucker, Vanillezucker und Zitronenschale schaumig rühren und vorsichtig unter die Sahne heben.

2 3/4 der Erdbeeren in eine große feuerfeste Form oder 4 kleine Gratinförmchen legen. Die Sahne-Eier-Creme darüber verteilen.

3 Im vorgeheizten Grill oder im Backofen goldbraun überbacken. Mit den Mandelblättchen und den restlichen Erdbeeren garnieren und mit Puderzucker bestäuben.

Kaiserschmarren

Preis: ca. 1,50 DM

Zutaten für 4 Portionen

4 Eier • 2 EL Zucker • 1/4 l Milch • 125 g Mehl • 1 Prise Jodsalz
Butter zum Backen • Puderzucker zum Bestäuben

1 Eier trennen. Das Eiweiß steif schlagen. Die Eigelbe mit Zucker schaumig rühren. Nach und nach Milch, Mehl und Jodsalz unterrühren. Dann den Eischnee vorsichtig unterheben.

2 Butter in einer Pfanne erhitzen, aus dem Teig dicke Pfannkuchen ausbacken. Wenden und mit einer Gabel zerpflücken. In eine vorgewärmte Schüssel geben und mit Puderzucker bestäuben.

Eclairs mit Orangensahne

Preis: ca. 3,00 DM

Zutaten für ca. 12 Stück

Für den Brandteig: 60 g Butter • 125 ml Wasser • 60 g Mehl 2 Eier

Für die Füllung: 400 g Sahne • 1 EL Puderzucker 1 TL Grand Marnier • 1 TL abgeriebene Orangenschale

Für den Guss: 100 g Puderzucker • 1 EL Orangensaft

1 Die Butter mit dem Wasser aufkochen. Das Mehl auf einmal dazugeben und so lange rühren, bis sich der Teig als Kloß vom Topfrand löst.

2 Den Topf vom Herd nehmen und etwas abkühlen lassen. Nach und nach die Eier dazugeben und gut einrühren. Der Teig sollte dick, glatt und glänzend sein.

3 Ein Backblech mit Backpapier auslegen. Den Teig in eine glatte Spritztülle (etwa 1 Zentimeter Durchmesser) füllen und 12 Streifen von etwa 10 Zentimeter Länge auf das Backblech spritzen. Den Teig mit einem nassen Messer abschneiden. Im vorgeheizten Backofen bei einer Temperatur von 180 °C etwa 15 bis 20 Minuten backen. Anschließend die Eclairs anstechen, damit der Dampf entweichen kann. Mindestens 2 Stunden abkühlen lassen.

4 Für die Füllung die gut gekühlte Sahne mit dem Puderzucker steif schlagen. Nach und nach den Grand Marnier und die abgeriebene Orangenschale unterrühren.

5 Die Eclairs mit einer Schere der Länge nach aufschneiden. Die Orangensahne in eine Spritztülle füllen und in die Eclairs spritzen.

6 Für den Guss den Puderzucker mit dem Orangensaft glatt rühren und die Oberseite der Eclairs damit bestreichen.

Grand Marnier wurde gegen Ende des 19. Jahrhunderts in dem französischen Städtchen Neauphle-le-Château bei Paris kreiert. Durch Experimente mit Extrakten aus karibischen Bitterorangen und Kognak entstand so einer der berühmtesten Liköre.

Aperitifs, Bowlen und Heißgeliebtes

Das Wichtigste auf jeder Party sind – neben den kulinarischen Köstlichkeiten – die Getränke. ALDI liefert für jeden Geschmack das Passende. Neben alkoholfreien Säften, Softdrinks und Mineralwasser gibt es Bier, Wein, Champagner, Sekt und Hochprozentiges wie Schnaps, Weinbrand und Liköre.

Aperitifs werden vor dem Essen genossen und sollen, wie der Name schon sagt, unseren Magen öffnen. Man sollte sie jedoch nur in kleinen Mengen genießen, da man sonst den Magen zu stark belastet.

Drinks für jede Gelegenheit

Begrüßen Sie Ihre Gäste mit einem kleinen Aperitif: Das sorgt nicht nur für gute Stimmung, sondern regt auch den Appetit an, so dass am Ende Ihrer Party bestimmt nichts mehr auf den Tellern liegen bleibt.
Zum Essen können Sie je nach Partymotto (»Alles Fisch«, »Viva Italia« etc.) roten bzw. weißen Wein oder Bier anbieten. Mineralwasser und alkoholfreie Getränke sollten auf keinem Fest fehlen.
Nach dem Essen werden Sie sicher viele dankbare Abnehmer für einen Kaffee, Espresso oder Cappuccino finden. So mancher genehmigt sich dazu gern ein Gläschen Grappa, Kräuterlikör oder Schnaps.
Bowlen sind seit eh und je beliebte Partygetränke, die sich vor allem für große Gesellschaften anbieten. Wählen Sie nach Geschmack zwischen einer erfrischenden Weizenbierbowle, einer klassischen Fruchtbowle mit Sekt und Wein, Bowlen mit einem Schuss Hochprozentigem oder einer Sangria, die vor allem von Rotweinliebhabern geschätzt wird. Und natürlich ist mit einer alkoholfreien Bowle auch für die Kleinen gesorgt.

Was wäre eine Sommernachtsparty ohne Bowle? Mit der Mango-Minz-Bowle werden Sie sicher einen Treffer landen.

Prosecco mit Pfirsich

Preis:
ca. 6,00 DM

Zutaten für 4 Gläser
3–4 Pfirsiche (ca. 400 g) • 1 Flasche Prosecco

1 Die Pfirsiche mit heißem Wasser überbrühen und die Haut abziehen, dann entsteinen. Mit einem Pürierstab fein pürieren und das Fruchtfleisch auf zwei Sektschalen verteilen.
2 Mit gekühltem Prosecco auffüllen und eiskalt servieren. Mit Pfirsichscheiben garnieren.

Acapulco

Preis:
ca. 6,50 DM

Zutaten für 2 Gläser
4 cl Cognac • 4 cl Grand Marnier • 4 cl Orangensaft Eiswürfel • Champagner zum Auffüllen

Cognac, Grand Marnier und Orangensaft in einem Shaker mit Eiswürfeln schütteln, in ein Champagnerglas abseihen und mit Champagner auffüllen.

Eierlikör mit Sahne

Preis:
ca. 3,00 DM

Zutaten für 4 Gläser
16 cl Eierlikör • 1/2 Becher Sahne • etwas Kakaopulver zum Bestreuen

Den Eierlikör in einem kleinen Topf leicht erhitzen. Die Sahne schlagen. Den Eierlikör in Likörgläser füllen und mit einem Sahnehäubchen garnieren. Mit wenig Kakaopulver bestreuen.

Französische Erdbeerbowle

Zutaten für 6 Gläser
500 g Erdbeeren • 300 ml Orangensaft • 1 Flasche Apfelwein (Cidre) • Eiswürfel

Preis: ca. 4,00 DM

Die Erdbeeren waschen, in Scheiben schneiden, 2 Stunden lang im Orangensaft ziehen lassen. Apfelwein zugeben und umrühren. Mit Eiswürfeln in Gläser geben, mit der Erdbeerbowle auffüllen.

Weizenbierbowle

Zutaten für 12 Gläser
1 große Dose Ananas • 50 ml Obstler • 1 Flasche Sekt
1 l Weizenbier

Preis: ca. 11,00 DM

Ananas in mundgerechte Stücke schneiden und in Obstler einlegen. Mindestens 2 Stunden ziehen lassen. Kurz vor dem Servieren langsam mit Sekt und Weizenbier aufgießen und vorsichtig umrühren.

Kaffee mit Schwips

Zutaten für 2 Becher
2 Tassen heißer Kaffee • 2 TL Zucker • 8 cl Sahnelikör
100 g Sahne • Kaffeepulver zum Bestreuen

Preis: ca. 2,00 DM

Den Kaffee in hohe Kaffeebecher füllen. Zucker und je 4 Zentiliter Sahnelikör zugeben und gut umrühren. Die Sahne schlagen, auf dem Kaffee verteilen. Mit wenig Kaffeepulver bestreuen.

Festbowle

Preis: ca. 22,00 DM

Zutaten für 12 Gläser

300 g Pfirsiche • 2 EL Zucker • 180 ml Weinbrand
180 ml Grand Marnier • 2 Flaschen Sekt

1 Die Pfirsiche mit heißem Wasser überbrühen und enthäuten. Dann halbieren, entkernen und in mundgerechte Stücke schneiden. In eine Bowleschüssel geben und mit Zucker bestreuen.

2 Den Weinbrand und den Grand Marnier dazugeben und alles gut miteinander vermengen. Einige Stunden im Kühlschrank stehen lassen.

3 Den gekühlten Sekt dazugeben und servieren.

Mangobowle

Preis: ca. 21,00 DM

Zutaten für 16 Gläser

1 Dose Pfirsiche • 3 Mangos • 16 Pfefferminzblättchen
1/8 l Pfirsichlikör • Saft von 1 Zitrone • 1 l Apfelsaft
2 Flaschen Sekt

Mangos treiben es bunt. Sie treten in Grün, Gelb, Orange oder Dunkelrot auf, wobei die Farbe nichts über ihren Reifegrad aussagt.

1 Die Pfirsiche abtropfen lassen, den Saft auffangen. In kleine Stücke schneiden. Mangos schälen, vom Kern befreien und das Fruchtfleisch in kleine Stücke schneiden. Pfefferminzblättchen waschen.

2 Die Früchte mit dem Pfirsichlikör und den Minzeblättchen in ein großes Bowlegefäß geben und mindestens 2 Stunden lang gut durchziehen lassen.

3 Danach den Zitronensaft und den Apfelsaft zugeben.

4 Die Bowle kurz vor dem Servieren mit Sekt aufgießen. Gut gekühlt servieren.

Kinderbowle

Zutaten für 8 Gläser
1 Dose Pfirsiche • 1/8 l Multivitaminsaft • Saft von 1/2 Zitrone • 1/2 l Apfelsaft • 1 Flasche Mineralwasser

Preis: ca. 3,00 DM

Pfirsiche in kleine Stücke schneiden, mit Säften und Mineralwasser mischen. In Gläser verteilen.

Sangria

Zutaten für 12 Gläser
3 Orangen • 2 Zitronen • 1 l leichter Rotwein • 100 ml Rum
1 l Orangenlimonade

Preis: ca. 5,00 DM

1 2 Orangen und 1 Zitrone schälen, das Fruchtfleisch würfeln.
2 Restliche Orange und Zitrone auspressen und den Fruchtsaft mit Rotwein und Rum mischen.
3 Das Fruchtfleisch zugeben und mit Orangenlimonade aufgießen.

Sangria ist eine Spezialität aus Spanien und auf jeder Sommerparty ein Hit.

Amaretto-Bananen-Drink

Zutaten für 2 Gläser
1 Banane • Saft von 1/2 Zitrone • 1/4 l Milch • 1/2 Tasse Amaretto • Zitronenscheiben zum Garnieren

Preis: ca. 2,00 DM

1 Banane schälen, würfeln und mit Zitronensaft beträufeln. Die Milch mit dem Amaretto vermischen und darüber gießen.
2 Im Kühlschrank 30 Minuten ziehen lassen. Den Drink in Cocktailgläser füllen und mit Zitronenscheiben garnieren.

Für Partys unerlässlich – Getränke von ALDI

Getränk	Menge	Preis
Mineralwasser, Säfte und Softdrinks		
12-Fruchtnektar light Multivitamin	1 l	0,99 DM
Apfelfruchtsaftgetränk	2 l	1,29 DM
Apfelsaft	1,5 l	1,29 DM
Apfelschorle	6 x 0,5 l	3,59 DM
Apfelsinensaft mit Fruchtfleisch	0,75 l	1,39 DM
Cola, Orangenlimonade, Dose	0,33 l	0,39 DM
Cola	1 l	0,79 DM
Eistee	1,5 l	0,99 DM
Fruchtsäfte	5 x 250 ml	2,59 DM
Isotonisches Getränk	0,33 l	0,49 DM
Karottensaft	0,33 l	0,99 DM
Mineralwasser	6 x 0,5 l	2,59 DM
Multivitaminsaft	0,75 l	1,39 DM
Orangenfruchtsaftgetränk	10 x 0,2 l	2,29 DM
Orangennektar	2 l	1,69 DM
Orangensaft	1,5 l	2,69 DM
Traubensaft	1 l	1,39 DM
Verschiedene Fruchtnektarsäfte	1 l	1,39 DM
Bier		
Pils	0,5 l	0,59 DM
Pils	6 x 0,5 l	3,79 DM
Weizenbier	0,5 l	0,69 DM
Weine und Sekt		
Asti	0,75 l	6,59 DM
Auerbach Sekt	0,75 l	4,98 DM
Auerbach Sekt	0,2 l	1,79 DM
Australischer Chardonnay	0,75 l	7,98 DM

Für Partys unerlässlich – Getränke von ALDI

Getränk	Menge	Preis
Weine und Sekt (Fortsetzung)		
Badischer Qualitätswein, Müller-Thurgau, halbtrocken	1 l	3,98 DM
Beaujolais Village, trocken	0,75 l	4,98 DM
Bianco di Custozza, trocken	0,75 l	3,59 DM
Bordeaux Chateaux, trocken	0,75 l	9,98 DM
Bordeaux, trocken	0,75 l	4,59 DM
Carbernet Sauvignon, Californischer Rotwein, trocken	0,75 l	7,98 DM
Castel del Monte, Rosé	0,75 l	3,59 DM
Cava	0,75 l	6,98 DM
Champagner Veuve Monsigny	0,75 l	19,98 DM
Chardonnay Bourgogne blanc, trocken	0,75 l	5,59 DM
Chianti, trocken	0,75 l	4,98 DM
Erlenbrunn Riesling Sekt	0,75 l	6,98 DM
Frankenwein, halbtrocken, Müller-Thurgau	0,75 l	5,98 DM
Franz. Landrotwein, halbtrocken	1 l	1,99 DM
Gavi, trocken	0,75 l	4,98 DM
Heuriger Grüner Veltliner, trocken	1 l	2,98 DM
Loheneck Schaumwein	3 x 0,2 l	4,29 DM
Mazedonischer Rosé, lieblich	1 l	2,59 DM
Mazedonischer Rotwein	1 l	2,59 DM
Mosel-Saar-Ruwer Weißwein	1 l	2,98 DM
Müller-Thurgau Rheinhessen/Pfalz, trocken	1 l	2,59 DM
Pinot Grigio	0,75 l	3,98 DM
Prosecco	0,75 l	4,98 DM
Rheinhessen/Rheinpfalz, lieblich	0,75 l	2,98 DM
Rioja, trocken	0,75 l	4,98 DM
Sangiovese di Romagna DOC	0,75 l	2,98 DM
Szèkérvar Mädchentraube, ungarischer hochwertiger Qualitätswein, süß	0,75 l	2,98 DM

Für Partys unerlässlich – Getränke von ALDI

Getränk	Menge	Preis
Hochprozentiges		
Advokat Eierlikör	0,7 l	6,59 DM
Amaretto	0,7 l	7,98 DM
Bourbon Whisky	0,7 l	12,98 DM
Doppelwacholder	0,7 l	9,98 DM
Doppelweizen	0,7 l	9,98 DM
Edelkirschlikör	0,5 l	6,98 DM
Französischer Weinbrand	0,7 l	12,98 DM
Grand Marnier	0,7 l	17,98 DM
Grappa	0,5 l	9,98 DM
Jamaica-Rum-Verschnitt, 54 %	0,7 l	12,98 DM
Kirschwasser	0,7 l	15,98 DM
Klarer	0,7 l	7,59 DM
Kognak	0,7 l	14,98 DM
Kräuterlikör	0,7 l	9,98 DM
Obstwasser	0,7 l	9,98 DM
Pfirsichlikör	0,5 l	6,98 DM
Portugiesischer Portwein	0,75 l	7,98 DM
Sahnelikör mit Scotch Whiskey	0,7 l	7,98 DM
Schwarzwälder Waldhimbeergeist	0,7 l	12,98 DM
Scotch Whiskey	0,7 l	12,98 DM
Silverstone Echter Rum, 40 %	0,7 l	9,98 DM
Spanischer Sherry (medium, dry)	0,75 l	5,59 DM
Weinbrand	0,7 l	9,98 DM
Weizenkorn	0,7 l	7,98 DM
Williams Birnenbrand	0,7 l	17,98 DM
Wodka	0,7 l	9,98 DM
Zwetschgenwasser	0,7 l	12,98 DM

Über die Autorin

Heidrun Fronek studierte Haushalts- und Ernährungswissenschaften in Weihenstephan/Freising. Ihre thematischen Schwerpunkte liegen in den Bereichen Ernährungsmedizin, Säuglings- und Kinderernährung. Hierzu publizierte sie bereits in diversen Fachzeitschriften. Aus ihrer Feder stammen auch »Kochen mit ALDI« sowie die Ratgeber »Süßes ohne Reue«, »Babys gesund ernähren« und »Natürlich süßen mit Stevia« aus dem Südwest Verlag.

Literatur

Fronek, Heidrun: Kochen mit ALDI. Südwest Verlag. 3. Auflage, München 1998

Knophius, Heike: Kochen mit ALDI für Kinder. Südwest Verlag. 2. Auflage, München 1998

ALDI im Internet

Aktuelle Sonderangebote, Preislisten, Buchkritiken, Informationen über das Unternehmen u. v. a. m. finden Sie unter:
http://www.stud.uni-muenchen.de/~matthias.queck/aktuel47.htm
http://ourworld.compuserve.com/homepages/Alexander Behrend/aldi.htm

Hinweis

Das vorliegende Buch ist sorgfältig erarbeitet worden. Dennoch erfolgen alle Angaben ohne Gewähr. Weder Autorin noch Verlag können für eventuelle Nachteile oder Schäden, die aus den im Buch gemachten praktischen Hinweisen resultieren, eine Haftung übernehmen.

Bildnachweis

Alle Bilder stammen von Dirk Albrecht (Meinerzhagen), außer:
Image Bank, München: 1 (Romilly Lockyer)

Impressum

Redaktion:
Anja Feise
Projektleitung:
Dr. Alex Klubertanz
Redaktionsleitung:
Dr. med. Christiane Lentz
Bildredaktion:
Ute Schoenenburg
Produktion:
Manfred Metzger
Umschlag:
Manuela Hutschenreiter, München
Layout:
Wolfgang Lehner
DTP:
Matthias Liesendahl

Printed in Italy
Gedruckt auf chlor- und säurearmem Papier

ISBN 3-517-08068-3